As Doenças do Século

As Doenças do Século

Wagner Tadeu dos Santos Gaby

CPAD
Rio de Janeiro

Preparação de Originais: Gleyce Duque e Daniele Pereira
Revisão: César Moisés Carvalho
Capa: Marlon Soares
Projeto gráfico: Flamir Ambrósio
Diagramação: Natan Tomé

CDD: 242 - Vida Cristã
ISBN: 978-85-263-0943-2

As citações bíblicas foram extraídas da versão Almeida e Corrigida, edição de 1995, da Sociedade Bíblica do Brasil, salvo indicação em contrário.

Para maiores informações sobre livros, revistas, periódicos e os últimos lançamentos da CPAD, visite nosso site: http//www.cpad.com.br

SAC — Serviço de Atendimento ao Cliente: 0800-21-7373

Casa Publicadora das Assembléias de Deus
Caixa Postal 331
20001-970, Rio de Janeiro, RJ, Brasil

Prefácio

O pastor Wagner Gaby é um dos maiores oradores sacros que já ouvi. Quer pregando, quer ensinando, mostra-se ele detentor de uma singular eloqüência. Se por um lado, o conselho de Deus em seus lábios é um oráculo, por outro, a pedagogia é-lhe tão própria que o coloca como um farol a conduzir o peregrino que busca instruir-se no caminho da justiça.

Foi numa conferência de Escola Dominical que eu o ouvi mais atento. Ministrando uma plenária tão rica na forma como no conteúdo, levou os presentes a se conscientizarem da importância da Educação Cristã. De repente, demo-nos conta: ali estava uma cátedra que se fizera púlpito e um púlpito que, pouco a pouco, refazia-se em cátedra.

Gaby mostrava-se, naquele momento, como se fora Quintiliano. Um homem com tantos predicados, contudo, precisa eternizar seus ensinos em livros. Pois assim o fizeram Ambrósio, Agostinho, Wesley e Finney. As palavras, quando apenas oralizadas, perdem-se com os nossos coevos; quando escritas, perduram com as gerações que nos sucedem.

Quando convidado a escrever este prefácio, senti-me honrado. Entretanto, o que poderia dizer de um dos pastores mais cultos de minha igreja? Ele é um homem que vai além de seus limites. Administrando seminários, lecionando e confortando as ovelhas do Mestre, Gaby é um obreiro de Cristo. Na expansão do Reino, não esconde nenhum de seus talentos; faz todos eles renderem como aquele servo bom e fiel da parábola.

Neste livro, comprovará o leitor todo o empenho de Wagner Gaby. Trata-se de uma temática que o autor trata com mestria, devoção e amor. Não é um conjunto de teorias; é a experiência de todo um ministério consagrado ao rebanho de Cristo.

Pr. Claudionor de Andrade
Gerente de Publicações

SUMÁRIO

1

A Globalização e as Doenças Modernas

Pois que aproveita ao homem ganhar o mundo inteiro, se perder a sua alma? (Mt 16.26a)

Nas últimas décadas, os contínuos avanços na atenção à saúde, com aumento da expectativa de vida, melhora das condições sanitárias, piora dos hábitos alimentares com maior ingestão de alimentos gordurosos, diminuição da atividade física não programada, entre outros fatores, fazem com que patologias que previamente tinham pouca expressão na saúde passem a aparecer como verdadeiras epidemias.

Em entrevista ao Jornal do Comércio, o Dr. Gilberto Ururahy, diretor da Med-Rio Check-up e autor do livro *O Cérebro Emocional. As emoções e o estresse do cotidiano* (Editora Rocco) faz uma abordagem sobre o impacto da globalização e as doenças modernas no mundo corporativo. Segundo ele, os efeitos da globalização vão muito além do estado de permanente transformação das economias e das culturas dos países. O cenário de intensa mudança provoca impactos profundos em cada pessoa e o estresse crônico é um desses impactos mais nocivos, pois ele é o vilão causador de várias doenças que vêm afetando executivos e, consequentemente, as empresas na última década.

Segundo o médico, a globalização significa o aumento da competição, a conquista de novos mercados, a aquisição de novas culturas. Empresários e executivos passaram a viajar constantemente, submetidos a fusos horários desnorteantes. Esse cenário criou a necessidade de o indivíduo se adaptar a mudanças que fazem parte da evolução humana, mas são cada vez mais aceleradas pelos efeitos da globalização. As empresas aumentaram seus investimentos para fazer face à busca desenfreada pelo aumento da produtividade. A palavra de ordem é "competição". Diante dessa necessidade de se adaptar a mudanças constantes no cotidiano, o estresse encontra terreno fértil para se desenvolver nas pessoas.

Para o Dr. Ururahy, a vida diária dos executivos é uma roda-vida massacrante, viagens freqüentes, noites mal-dormidas que agridem seus relógios biológicos. Agendas rígidas, metas ambiciosas, desafios permanentes. Os executivos, homens e mulheres, são cobrados de forma implacável por seus superiores. Precisam sempre melhorar a produtividade, aumentar as vendas, cortar custos, ganhar escala. Além de polivalentes, precisam ser também supercompetentes.

Essas pessoas colocam a vida pessoal em segundo plano, com pouco espaço para individualidade. Em boa parte dos casos, esses profissionais moram no trabalho e, eventualmente, dormem em suas casas. São reféns de um estilo de vida monocórdio e pouco criativo. É impossível falar da saúde do homem moderno, do profissional liberal, do executivo, sem abordar a globalização, fenômeno causador do aumento da incidência da chamada doença do século o estresse crônico. E é esse estresse crônico a origem das doenças que mais matam e incapacitam os homens no início do Século XXI. "Não tenho dúvidas em afirmar que a saúde dessas pessoas é afetada, muitas vezes de forma fatal, por um estilo de vida inadequado", diz o Dr. Ururahy.

Conseqüentemente, o estresse crônico é o pano de fundo dessas doenças. Toda vez que estamos diante de uma mudança, apresentamos a reação de estresse. Nesse momento, o corpo secreta dois hormônios: A adrenalina e o cortisol. Como vivenciamos mudanças permanentes e de maneira cada vez mais acelerada, o corpo não pára de produzir os hormônios do estresse. A presença dessas substâncias no sangue, de forma contínua e prolongada, torna nossos corpos mais frágeis, e as doenças encontram espaço para se desenvolver.

Perguntado como o estresse se manifesta no corpo, o médico explica que a adrenalina acarreta, no cérebro, um sentimento imediato de ansiedade e, com o passar do tempo, as queixas de perda de memória se intensificam. No coração, provoca o aumento da freqüência cardíaca e da pressão arterial. Nos vasos sangüíneos, há redução de seus calibres com conseqüente queda da oxigenação dos tecidos. Nas manifestações decorrentes do excesso de produção de cortisol, observamos a diminuição das defesas do organismo, estímulo do apetite, aumento da depressão, gastrites, úlceras, desenvolvimento de coágulos e diminuição da libido. Por esse leque tão abrangente, o estresse é o grande vilão para a saúde do homem moderno. "Observamos que, hoje, as pessoas estão mais preocupadas em cuidar de sua saúde, mas as doenças que têm como pano de fundo o estresse estão aumentando. A intensidade como o estresse é vivido no cotidiano pelas pessoas está gerando o aumento dos percentuais de doenças como o colesterol elevado, o diabetes, a hipertensão arterial, o infarto, o acidente vascular-cerebral (AVC) e o câncer".

Quanto à possibilidade das doenças serem dinâmicas, o Dr. Ururahy lembra que nós, seres humanos, somos produtos do meio em que vivemos. E as doenças nos acompanham.

> Quando um indivíduo produz permanentemente excesso de adrenalina e cortisol e, paralelamente, desenvolve um estilo de vida inadequado, isto é, alimentação desequilibrada (excesso de calorias, de açúcar, sal, gordura, álcool); uso constante de estimulantes (cafeína, nicotina); noites mal-dormidas; e sedentarismo, as doenças encontram espaço fértil para se desenvolver. Assim, os percentuais de doenças que incapacitam e matam estão aumentando. E a faixa etária das pessoas acometidas por essas doenças está diminuindo.

Na mesma entrevista ele dá como exemplo o seguinte dado catalogado nos arquivos da sua clínica: Há uma década, para cada dez infartos do miocárdio, nove ocorriam em homens e somente um, em mulheres. Hoje, esta proporção passou para de três a um. O diabetes tipo 2 que, em 1990, aparecia a partir de 50 anos, hoje é identificado em homens e mulheres a partir dos 30 anos. O colesterol elevado, que, em 1990, era mais comumente encontrado nas pessoas a partir dos 40 anos, hoje, surge a partir dos 20 anos. De forma geral, o câncer de mama incidia mais em mulheres a partir de 40 anos e, hoje, existem estudos demonstrando o surgimento da doença na população a partir dos 20 anos. O câncer do reto, que acometia indivíduos de 60 anos em 1990, passou a aparecer na faixa etária dos 50 anos. Idem para o câncer da próstata. As doenças do coração representam 40% do total das causas de óbito em grandes centros urbanos. Complementando as informações catalogadas, o citado médico faz questão de dizer que "Em nossa prática diária, nos deparamos com vários clientes que realizaram cirurgias para revascularização do miocárdio antes dos 40 anos de idade, quando era mais comum em pessoas a partir dos 50 anos".

O que Está Acontecendo com a Saúde da Mulher?

Segundo o Dr. Gilberto Ururahy, cerca de 35% dos lares são liderados por mulheres. Hoje, elas convivem com dupla e, às vezes, tripla jornada (casa, trabalho e universidade). Estão assumindo responsabilidades importantes, conquistando espaços em vários segmentos da sociedade e se submetendo ao estresse do cotidiano de forma intensa.

Atualmente, 45% das executivas são fumantes, contra 35% dos homens. Elas bebem regularmente, são em sua maioria sedentárias e estão desenvolvendo doenças cardiovasculares, pneumológicas, gastrintestinais, metabólicas (diabetes, colesterol elevado), antes restritas aos homens.

Se as doenças que mais preocupam as mulheres são, segundo a Organização Mundial da Saúde (OMS), o câncer de mama e o de colo uterino, a mortalidade no campo feminino provocado por infarto e por acidente vascular cerebral é duas vezes mais elevada do que por todos os tipos de câncer somados.

O que É o Check-up Médico e qual seu Objetivo?

Do inglês, verificação, exame, comparação, vistoria: exame médico minucioso, cuidadoso, o check-up é um conjunto de procedimentos médicos, que tem por objetivo detectar doenças antes que se manifestem clinicamente, isto é, em um momento em que a pessoa não apresenta sintomas. É o primeiro passo. O check-up médico é prevenção e, praticado de forma periódica, é a melhor maneira de administrar a saúde. Com tantos recursos desenvolvidos nos dias atuais, é inadmissível que uma pessoa que tenha acesso a um plano de saúde, se surpreenda com uma doença em estágio avançado e, portanto, com pequena possibilidade de cura.

É preciso gostar de si mesmo para querer cuidar do próprio corpo. Boa parte das doenças modernas pode ser prevenida e tratada. Outras doenças fulminantes, como o câncer, podem ser diagnosticadas em fase inicial e até curadas. Hoje, a medicina preventiva é minimamente invasiva. As imagens são geradas por tecnologia sofisticada com aparelhos de alta resolução. Os exames laboratoriais produzem resultados seguros e rápidos, como por exemplo, marcadores que decodificam o metabolismo do indivíduo, o seu meio interno e agressões aos vasos sanguíneos. Cuidar da saúde deve ser um compromisso permanente do indivíduo consigo próprio, com a sua família, com a sua empresa e com a sociedade.

Como Evitar as Doenças Modernas

Recentemente, a Organização Mundial de Saúde (OMS) fez um alerta para o crescimento de doenças como depressão, ansiedade, fobia, anorexia, bulimia e outros transtornos da mente, que genericamente começaram a ser chamados de "doenças modernas". Tais transtornos acometem mais de 450 milhões de pessoas no mundo todo. Estima-se que até o ano 2.020, o número chegue a 562 milhões — e respondem por 12,3% das causas de enfermidades e invalidez no planeta.

Os males modernos estão relacionados diretamente ao estilo de vida das pessoas. Eduardo Figueira de Aguiar, professor de Psicologia dos cursos de Educação Física e Nutrição do Centro Universitário Municipal de São Caetano (IMES), assim se refere: "Hoje em dia, o indivíduo é cobrado e pressionado o tempo todo, seja no ambiente de trabalho, na família ou na roda de amigos. Quem não sabe filtrar e lidar com essa dinâmica estressante ou ainda tem uma pré-disposição em desenvolver algum transtorno com certeza vai incrementar as estatísticas".

O psiquiatra Cyro Masci, de São Bernardo, chama atenção para outro fator: o da intolerância social. "O homem é um ser humano. O único jeito de ele crescer é enfrentar conflitos e desafios e com isso ele sofre. Hoje, porém, há uma intolerância quanto ao sofrimento. Criou-se o mito de que as pessoas precisam estar sempre felizes, sempre bem. Isso é impossível". De acordo com Masci, quem tende à depressão, por exemplo, tem um pessimismo crônico. Ele cita três casos:

1 – Quanto à origem de um problema:

O pessimista vai atribuir a origem da dificuldade a si mesmo; o otimista, a terceiros. Exemplo:

Ontem eu fui assaltado quando estava parado no sinal. O pessimista vai dizer: "Quem mandou eu sair de casa naquela hora e respeitar o sinal vermelho?" Já o otimista vai falar: "Puxa! O problema da segurança pública está cada vez mais grave nesta cidade", exemplifica o médico.

2 – Quanto à solução de um problema:

O pessimista vai atribuir a saída a terceiros; o otimista, a si mesmo. Exemplo:

"A culpa de eu não ter conseguido resolver isso é do meu primo, que não me ajudou", diz o pessimista; o otimista deverá questionar: "O que será que eu fiz para isto não dar certo?"

3 – Quanto à duração do problema:

Para o pessimista, a dificuldade é permanente; para o otimista, passageira. Exemplo:

Se ocorrer um assalto no farol, o pessimista falará: "Esta cidade acabou; os bandidos tomaram conta dela; não tem mais jeito". Já o otimista pode encarar da seguinte forma: "Desta vez eu fui assaltado; isso não significa que amanhã vai acontecer de novo".

Cuidando da mente

O professor de Psicologia do IMES Eduardo Figueira de Aguiar ressalta que a melhor maneira de se evitar os transtornos da mente é observar sempre o comportamento, e tentar mudar quando se sente que a interação social não está da maneira desejada. "Sair para falar bobagem e dar risada com os amigos, ter uma boa noite de sono, cuidar da alimentação, praticar exercícios físicos é muito importante. Além disso, no trabalho, por exemplo, as coisas não são estressantes por si só; tudo depende do caráter que a gente dá a elas. Às vezes é importante revermos nossos conceitos".

Cyro Masci diz que hoje em dia já está em prática nos Estados Unidos um "programa de treinamento de resolução de problemas" para prevenir a depressão. "Primeiro, é ensinado que as pessoas precisam dividir o problema em partes e depois priorizar o que é mais urgente. Em seguida analisar como pode resolver aquilo, se vai contar com a ajuda de alguém ou não. E assim a coisa se resolve".

Características de uma pessoa mentalmente saudável

- Está em paz com a própria identidade e com os sentimentos.

- Está orientada para o futuro e é capaz de se manter produtiva.

- Tem disposição mental que lhe permite conviver com o estresse.

- É capaz de perceber a realidade sem distorções e manter a empatia.

- É capaz de trabalhar, de amar, de se divertir ao mesmo tempo em que continua sendo uma pessoa eficiente na resolução de problemas (Fonte: *American Journal of Psychiatry*, de George Valliant).

Quanto à ansiedade, ao estresse e à fobia, o psiquiatra conta que o importante é não deixar o chamado sistema de alarme do cérebro funcionar exageradamente. "Se a pessoa fica sem comer durante muito tempo, por exemplo, faz com que o cérebro entenda que alguma coisa está errada, porque o alimento ainda não veio. Isso causa uma situação de alarme desnecessária". Segundo ele, é importante neste caso cuidar da respiração. "Inspirar e expirar o ar lenta e pausadamente, com tranqüilidade, antes do problema acontecer ou durante ele é fundamental".

Por fim, quanto aos transtornos alimentares do tipo bulimia ou anorexia, uma das saídas é perceber que essa cultura à magreza é inviável. "As pessoas precisam aceitar o corpo como é. Não tem essa de cair na besteira de achar que só é bonito quem é magro. Isso é irreal. Acumular gordura é uma função básica do organismo. Claro que sem exageros. Manter uma dieta saudável e equilibrada resolve tudo", diz Masci.

Quando procurar ajuda

Tanto o professor de Psicologia do IMES Eduardo Figueira de Aguiar como o médico Cyro Masci concordam em afirmar: deve-se procurar ajuda sempre que sentir um nível de desconforto muito grande em relação à determinada situação ou quando as pessoas ao seu redor apontarem este problema.

"Antigamente as pessoas tinham mais resistências em ir a um psicólogo ou psiquiatra porque achavam que era coisa de doido. Este preconceito, felizmente, está acabando. Cuidar de uma doença da mente é como cuidar de qualquer outra", diz Aguiar.

Já Masci alerta para a importância de se consultar a um bom profissional. "O diagnóstico de um transtorno da mente requer uma conversa profunda com um especialista. Não adianta o psiquiatra falar durante dez minutos com o paciente e prescrever um medicamento que o problema estará resolvido. O tratamento, mesmo que com remédios, às vezes pode ser demorado e necessitar de cuidados e atenção especiais".

Um alerta: Há ainda outros transtornos que acometem uma parcela considerável da população, e que precisam ser acompanhados de perto por um profissional qualificado, sob risco de piorarem — isso também vale para todas as "doenças modernas". Por isso, na dúvida, é sempre bom procurar um médico.

2
Doenças da Alma

Antigamente pode-se dizer, que o homem vivia menos. Houve um acréscimo de vida ao homem, talvez auxiliado por melhores condições sociais ou uma outra razão que não vem ao caso no momento.

A expectativa média de vida do brasileiro atingiu a marca de 71,9 anos. É o que mostra a pesquisa Tábua de Vida 2005 do IBGE (Instituto Brasileiro de Geografia e Estatística), divulgada no dia 1/12/2006. A esperança de vida do brasileiro passou de 71,7 anos, em 2004, para 71, 9 anos, em 2005 — um aumento de dois meses e 12 dias.

Apesar do aumento, o IBGE alerta para o fato de que esse indicador poderia ter um crescimento mais expressivo não fosse maior o número de mortes prematuras de jovens por violência.

Atualmente o homem vive mais, embora sujeito a várias doenças. Antes, as doenças tinham uma zona bem definida de incidência; hoje, vemos as doenças comuns em uma região se alastrando por todo mundo, se modificando, tornando-se comuns a jovens e idosos. Aparecendo doenças "incuráveis", facilmente transmissíveis.

Os casais recorrem a médicos e laboratórios especializados para poder ter um filho. Mulheres jovens, moças ainda, recorrem ao ginecologista para tratar de útero, ovário, etc. Enquanto existem mulheres de 80 anos, que nunca foram a um ginecologista.

As doenças circulatórias estão avançando de tal modo, que se não houver uma medida urgente, parece que não vai sobrar ninguém.

As doenças reumáticas, artroses, artrites, as de coluna, bico de papagaio e tantas outras, gastrites, úlceras, colites, estresse e mais uma infinidade delas; os médicos se especializando cada vez mais, tentando corrigir o efeito.

Entretanto, ninguém é capaz de sentir a dor de outra pessoa, por mais que possa tentar. E isso vale, principalmente, para a dor com raízes na mente humana, como é o caso da depressão e da ansiedade — dois distúrbios responsáveis pela metade (740 milhões de pessoas) das doenças mentais estimadas no mundo. Esses males causam um sofrimento terrível. Geram angústia e desespero, suas origens não são muito claras e as sensações que provocam — por mais que produzam sintomas identificáveis por um especialista — beiram o intraduzível.

Segundo Thiago Lotufo, em matéria publicada na revista *Isto É*, a dor causada pela depressão e pela ansiedade é diferente de uma dor de cabeça ou de uma dor decorrente, por exemplo, de um tombo: Ela dói, metaforicamente, lá no fundo da alma. E o pior é que essa dor, de acordo com especialistas e com a Organização Mundial de Saúde (OMS), só tende a aumentar.

No próximo milênio a mente vai estar mais doente do que nunca. "As doenças mentais tendem a proliferar como resultado de múltiplos e complexos fatores sociais, biológicos e psicológicos. Elas são respostas já esperadas de doenças físicas graves e da guerra e do trauma. Mas também de condições sociais adversas, como as altas taxas de desemprego, a educação precária e a pobreza", afirmou a OMS num relatório publicado em 1999. E mais: "Nas próximas décadas tudo indica que as doenças decorrentes de distúrbios mentais e de problemas neurológicos serão ainda maiores."

Conforme afirma o Dr. Cláudio Guimarães, médico do Laboratório de Neurociências da Universidade de São Paulo (USP), isso é um paradoxo, pois "vivemos numa época que teoricamente teria tudo para ser agradável. Os avanços tecnológicos, os procedimentos médicos sem dor, e ao mesmo tempo sentimos uma sensação enorme de vazio interior."

Segundo a Organização Mundial de Saúde (OMS), no mundo todo há cerca de 340 milhões de pessoas com depressão ou transtorno bipolar, dois distúrbios pertencentes ao grupo das doenças afetivas (relacionadas ao humor). A organização estima também que uma em cada cinco pessoas vai ter depressão em algum momento da vida e que, a cada ano, devem surgir dois milhões de novos casos da doença.

No Brasil, a depressão atinge mais de dez milhões de pessoas. A ansiedade patológica e os transtornos decorrentes dela (transtorno do pânico, fobias, transtorno obsessivo-compulsivo) são as doenças mentais mais freqüentes. Elas acometem 400 milhões de pessoas e estima-se que 20% da população estará sujeita a um dos transtornos ao longo da vida. Por sua vez, o Dr. Tito Paes de Barros, Psiquiatra do Hospital das Clínicas, diz que a "fobia social é um dos mais comuns, com uma prevalência de até 13%", diz ele. Outro dado importante é o fato de que a depressão e os transtornos da ansiedade se manifestam, em média, duas vezes mais na população feminina (uma das explicações seria as alterações hormonais da mulher).

Todos esses números dão uma importante dimensão do problema e servem como um alerta para o crescimento dessas doenças no terceiro milênio. "Não dá para dizer em quanto elas vão aumentar. Mas é inegável que tanto a ansiedade como a depressão vão crescer no futuro", diz o Psicólogo José Roberto Leite, Coordenador da Unidade de Medicina Comportamental da Universidade Federal de São Paulo (UNIFESP).

O artigo em questão, informa, ainda, que uma das razões para o crescimento é o aumento da população mundial e da longevidade. A OMS estima que em 2025 o planeta terá cerca de oito bilhões de habitantes, sendo 1,2 bilhão com mais de 60 anos. Ou seja, serão mais pessoas com doenças e por mais tempo (a depressão, por exemplo, requer tratamento por muitos anos e, às vezes, pela vida toda). "Há também maior informação sobre a depressão e a ansiedade e mais diagnósticos sendo feitos", explica o psiquiatra Ricardo Moreno, coordenador do Grupo de Doenças Afetivas (Gruda) do Hospital das Clínicas de São Paulo.

O psiquiatra paulista Henrique Del Nero, diz que existem outros fatores para explicar o aumento desses distúrbios. Afirma o referido profissional que: "A exclusão social, a incerteza e a falta de perspectivas aumentam a ansiedade e os quadros leves e moderados de depressão". Para ilustrar sua afirmação, o psiquiatra cita uma máxima: "Na mesa do justo não há de faltar o pão. Na época em que o justo não tem pão, aumenta a depressão." E completa: "Cada vez mais está faltando pão".

Mas como o pão de cada dia pode influenciar a mente humana? A depressão não é uma doença biológica com base genética cada vez mais reconhecida? É. E, assim como os transtornos de ansiedade, está relacionada a desequilíbrios de neurotransmissores (substâncias químicas responsáveis pela transmissão de informação entre um neurônio e outro) no cérebro. O fato é que a ciência ainda não desvendou totalmente quais são os fatores capazes de desencadear esses desequilíbrios. Sabe-se que a hereditariedade é um ponto importante, mas sabe-se também hoje que fatores ambientais como violência, falta de emprego, separação, perda, problemas conjugais, entre outros, são capazes de afetar a vulnerabilidade de uma pessoa a problemas mentais. Por isso, pode-se dizer que os distúrbios da mente têm, além da genética, origens biopsicossociais. São doenças que se manifestam a partir da interação do homem com os outros e com o meio em que vive. Aqui, vale lembrar que não existe ser humano fora do ambiente físico e natural nem distante de uma sociedade. Assim como não há peixe fora d'água. "A mente é o cérebro inserido numa cultura", resume Luiz Altenfelder, psiquiatra do Hospital do Servidor Público de São Paulo.

No que diz respeito às reações, continua o artigo citado, afirmando que "A ansiedade, por exemplo, é uma emoção normal que nos alerta para situações novas ou de perigo. É uma reação positiva do organismo que leva uma pessoa a se preparar para uma prova ou treinar para uma competição. Quando essa reação é exagerada e desproporcional aos estímulos, a ansiedade torna-se um problema que, além do medo e da apreensão, causa sintomas físicos, como taquicardia, sudorese e diarréia, e psíquicos, como nervosismo, tensão e dificuldade de concentração, capazes de afetar o pensamento, a percepção e o aprendizado".

"Os distúrbios de ansiedade são reações do homem frente às suas vivências", diz Altenfelder. "O transtorno de pânico pode ser uma reação aguda a um determinado fato da vida do indivíduo. É uma fobia social, como, por exemplo, não conseguir falar em público, uma reação crônica", completa o especialista. Ou seja, por trás de um quadro ansioso pode existir uma situação de vida mal resolvida, que pode ser, entre outras, uma mudança de emprego, a perda de um parente ou a separação do marido ou da mulher.

De acordo com especialistas, perda de referências no mundo atual contribui também para que a mente adoeça. "Estamos sem bússola", constata o Psicanalista Jorge Forbes. Para ele, a ansiedade decorre da necessidade (ou dever) de o indivíduo fazer algo sem ter um mapa ou roteiro para orientá-lo nessa realização. "Tínhamos uma sociedade organizada com símbolos que ofereciam uma identificação coletiva e padrões de comportamento felizes", analisa Forbes. Exemplos: o papel do pai dentro da família, a representatividade da pátria ou até mesmo os sistemas econômicos. "A globalização pulverizou esses valores", diz o psicanalista. "Como conseqüência, as pessoas tiveram de se responsabilizar mais pelo que desejam. E isto gera mais ansiedade." Segundo Forbes, um dos objetivos da psicanálise é despertar o homem para lidar melhor com os seus desejos. "Hoje, temos menos bandeiras. Lutamos menos por ideais", diz o psiquiatra Luiz Altenfelder.

O neurocientista Cláudio Guimarães diz que "nós estamos sem pele, expostos e sedentos por certezas que a mídia, a religião, a política e a ciência não estão sendo capazes de dar". Guimarães diz que certas fases da história, como o Egito Antigo, a Grécia Clássica e a Idade Média, tinham padrões de referência que produziam uma sociedade mais estável. Thiago Lotufo faz menção do livro *Ano 1000 ano 2000: na pista de nossos medos*, no qual o historiador francês George Duby ressalta que a sociedade medieval possuía uma qualidade fundamental para o bem-estar do ser humano: A solidariedade. A esse respeito, transcreve a seguinte citação: "[...] assim segue o homem do ano 1000, mal alimentado, penando para, com suas ferramentas precárias, tirar seu pão da terra. Mas esse mundo difícil, de privação, é um mundo em que a fraternidade e a solidariedade garantem a sobrevivência e uma redistribuição das magras riquezas. Partilhada, a pobreza é o quinhão comum. Ela não condena, como hoje, à solidão o indivíduo desabrigado, encolhido numa plataforma de metrô ou esquecido numa calçada".

Em 2020, a OMS prevê que a depressão será a segunda doença que mais roubará anos de vida útil da população (a primeira continuará sendo problemas cardiovasculares). Fora isso, a chance de um deprimido cometer suicídio é 35 vezes maior do que a de uma pessoa saudável.

Em relação à ansiedade, um estudo feito nos EUA, publicado a partir de 1984, constatou que 68% das mulheres e 60% dos homens que tinham transtorno do pânico estavam desempregados na época e que pessoas com este distúrbio procuram atendimento médico sete vezes mais do que a população comum.

Só que apesar do cenário, de certa forma sombrio, que se desenha para a mente no futuro, não há motivos para alimentar ainda mais uma depressão ou se confinar dentro de casa por causa de um distúrbio de ansiedade: Felizmente todo o sofrimento causado por essas doenças tem tratamento. Entre outros recursos terapêuticos, existem remédios, que atuam no desequilíbrio químico dos neurotransmissores, e terapias, que tratam as relações da pessoa com o meio e investiga os fatores estressores que agem no seu psiquismo. Aliado a esses conhecimentos médicos, qualquer ajuda para quem sofre da alma deve contribuir, fundamentalmente, para a erradicação de uma palavra horrenda: Estigma — uma marca vergonhosa que só aumenta o preconceito e os estereótipos (como, por exemplo, achar que o deprimido é alguém preguiçoso ou fraco de caráter) em relação ao doente mental e que o faz ser rejeitado pelas pessoas "normais".

No olhar dos especialistas da área da saúde, ansiedade, medo, depressão, melancolia, são conhecidas como doenças do século. À luz da Bíblia Sagrada podemos denominar esses males como sendo "doenças da alma".

O Dr. Ernest Schneider, em sua obra *A Cura e a Saúde pelos Alimentos*, afirma que a discórdia, a luta, o temor, as preocupações, a vulgaridade, a angústia, a vileza, a perversidade, a paixão, são para o corpo e a alma como um alimento antinatural ou tóxico. Diz, ainda, que se a nossa mente se ocupar com temas valiosos e bem harmonizados, seremos capazes de sentir "certa potência depuradora e sanadora do nosso estado físico". Conclui o citado autor que a saúde não só compreende o fisiológico, como também o mais íntimo do nosso ser, isto é, o coração e a sensibilidade de cada um.

Ao nos reportarmos, através da Bíblia, há alguns séculos antes de Cristo, observamos a postura de Davi, um servo de Deus, a qual pode nos mostrar a forma pela qual devemos nos comportar diante desses problemas.

No Salmo 13, Davi, faz uma oração de fé ao Senhor. Ele não chega a estar deprimido, mas são notórias sua inquietação e impaciência diante de Deus. Nos versículos 1 e 2, Davi repete a expressão "até quando", quatro vezes, demonstrando assim sua angústia diante de Deus.

Davi sente que Deus está longe dele, por isso, fica angustiado. Ele não agüentava viver longe de Deus. Davi não agüentava mais ver seu inimigo se levantar contra ele e suas forças já estavam se esgotando ao relutar dentro de si mesmo e encontrar tristeza no seu coração a cada dia.

Davi tinha natureza humana igual a mim e a você, e por tudo isso que vimos acima, ele teve dor e angústia em sua alma, entretanto, Davi resolve sair desta situação em que se encontra. Ele suplica ao Senhor, e no versículo 3, o que percebemos é que Davi pede total atenção a Deus e clama para que o Senhor iluminasse seus olhos. A expressão "iluminar os olhos", no original hebraico, é o mesmo que soprar o fôlego de vida, porquanto o vigor da vida transparece nos olhos. Davi pede forças a Deus, ele sabia que se o Senhor não o revigorasse, certamente morreria.

Ao suplicar ao Senhor, Davi demonstra sua dependência de Deus. Na dor e na angústia Davi confia nEle. Parafraseando suas palavras, no versículo 5, ele diz que apesar de tudo que está passando, confiava no Senhor e o seu coração se regozijava na salvação em Deus e isso era motivo de cantar ao Senhor, pelo bem que Deus já havia feito em sua vida. Bom é poder confiar em Deus!

O que podemos entender com este texto, é que as angústias, a depressão, as dores profundas em nossas almas, existem há muito tempo e não é um problema exclusivo do século XXI. A diferença é saber se pertencemos a Deus ou não. Davi pertencia a Deus, por isso, quando passou por problemas dessa espécie ele pôde recorrer a Ele.

A súplica em meio às dores é o melhor remédio, e quando suplicamos a Deus, a confiança logo toma conta do nosso coração. Uma vida levada à luz da Palavra de Deus, é uma vida de privilégios, pois quem cuida de nós é o próprio Deus, o nosso Criador.

Se você está passando por problemas semelhantes a esses, que tal suplicar a Deus e entregar toda sua vida a Ele, e passar a partir de agora, gozar desse cuidado divino, onde a dor se transforma em confiança? "Entrega o teu caminho ao Senhor; confia nele, e ele tudo fará" (Sl 37.5). Entregar-se ao Senhor tem tudo a ver com a submissão total a Ele. Devemos confiar nEle, acreditando que o Senhor nosso Deus é capaz de cuidar de nós melhor do que nós mesmos. "Deleita-te também no Senhor, e ele te concederá o que deseja o teu coração" (Sl 37.4). Deleitar-se no Senhor, significa experimentar grande prazer e alegria na presença dEle. Todavia, para deleitarmo-nos no Senhor, é preciso conhecê-lo melhor.

Lembre-se desta observação em *Lições para a Vida*, de Max Lucado, ao comentar o Salmo 37, na *Bíblia de Estudo Devocional*, publicada pela CPAD: "O povo de Deus receberá 'aquilo que quiser', o que for da vontade do Senhor, enquanto confiar nEle, e, cada um dedicar sua vida a Ele, e se alegrar por servir ao Senhor".

3

Um Século Difícil e Trabalhoso

Sabe, porém isto: que nos últimos dias sobrevirão tempos trabalhosos (2 Tm 3.1).

Nas páginas do Novo Testamento, temos a clara previsão de que os dias que antecederão a Segunda Vinda de Cristo serão marcados pelo sensível aumento da iniqüidade que sobrevirá sobre o mundo em que vivemos. Nas palavras do próprio Senhor, a maldade chegará a tal ponto que levará muitos a desanimar da fé (Mt 24.12).

O apóstolo Paulo exorta Timóteo a perseverar na sã doutrina (2 Tm 3.14-17). A expressão "nos últimos dias", compreende o momento desde a primeira aparição de Cristo até a Segunda Vinda (At 2.17; 1 Tm 4.1; Hb 1.1,2; 1 Pe 1.20; 1 Jo 2.18).

As pessoas serão caracterizadas por todos os tipos de perversão egoísta e superficial: perturbações fora do comum (2 Tm 3.1,2), egocentrismo e crueldade da parte dos homens (2 Tm 3.2-5) e forte oposição levantada por falsos obreiros (2 Tm 3.6-9). Nas palavras do próprio Senhor, a maldade chegará a tal ponto que levarão muitos a desanimar da fé (Mt 24.12; 2 Ts 2.3; 1 Tm 4.1-3). Entretanto, conforme vaticinou nosso Senhor Jesus, "aquele que perseverar até o fim será salvo" (Mt 24.12,13).

Tempos Difíceis

Em 2 Timóteo 3.1-11, mais especificamente nos versículos 2-4, o apóstolo Paulo aponta os principais fatores da grave situação espiritual dos últimos tempos. "Porque haverá homens amantes de si mesmos, avarentos, presunçosos, soberbos, blasfemos, desobedientes a pais e mães, ingratos, profanos, sem afeto natural, irreconciliáveis, caluniadores, incontinentes, cruéis, sem amor para com os bons, traidores, obstinados, orgulhosos, mais amigos dos deleites do que amigos de Deus" (2 Tm 3.2-4). Numa análise didática, podemos classificar essas doenças em intrapessoais, sociais e religiosas.

Doenças Intrapessoais

Dizem respeito às doenças na área do nosso ser.

1. *Orgulho*. Os que obtêm riqueza, cultura, fama e projeção social tendem, se não se conservarem humildes, a cair na armadilha da soberba e da arrogância (Pv 11.2;16.18;21.4;28.25; 1 Jo 2.16; Lv 26.19; Mc 7.20,22; Is 28.1-3). Veja as conseqüências na vida do rei da Babilônia, tipo de Satanás, que em razão de sua ambição desejou igualar-se e ascender mais alto que Deus (Is 14.12-15).

2. *Vaidade*. Os homens presunçosos, jactanciosos são aqueles que vivem obcecados pela fama e pela projeção social (Ec 1.2;11.10; Ef 4.17). São adeptos do culto à personalidade (Sl 4.2;39.5,11;62.9;94.11;144.4; Jr 2.5). Os escribas e fariseus amavam "os primeiros lugares nas ceias, e as primeiras cadeiras nas sinagogas" (Mt 23.5-7).

3. *Egoísmo*. A expressão "amantes de si mesmos" caracteriza a ênfase à felicidade pessoal, embasada no amor próprio, uma espécie de *autolatria* (2 Tm 3.2; Rm 15.1; 1 Co 10.33; Fp 2.21).

4. *Avareza*. A palavra avareza, do grego *pleonexia,* significa a sede de produzir mais. A obsessão pelo dinheiro; a competição desumana

pelo lucro; as promessas de fortuna (até entre cristãos, como ensina a teologia da prosperidade). "[...] o amor do dinheiro é a raiz de toda espécie de males; e nessa cobiça alguns se desviaram da fé e se traspassaram a si mesmos com muitas dores" (1 Tm 6.10). Ex.: A parábola do rico insensato (Lc 12.15-21).

5. *Incontinência*. Diz respeito a pessoas "incontinentes", sem domínio de si mesmas. A Palavra de Deus nos admoesta a agirmos com moderação, com autocontrole, com autodisciplina (2 Tm 1.7). A Epístola de Paulo aos Romanos (1.23-32) retrata bem essa condição. Ao preferir a rejeição a Deus, as pessoas se entregaram à dissolução, tornando-se escravas do pecado. A influência negativa da mídia estabelece um estilo de vida rebelde e pecaminoso, contrariando dessa forma os valores morais. O homossexualismo, embora aceito por muitas pessoas e infelizmente até por algumas igrejas chamadas cristãs, continua sendo condenado e proibido pela Palavra de Deus (Lv 18.22; 1 Co 6.9,10).

Doenças Sociais

Referem-se às doenças no nosso relacionamento com as pessoas na área social.

1. *Desobediência aos pais*. Esse princípio bíblico sofreu um duro golpe nos anos de 1960, com a revolução que exaltava o sexo livre, as drogas e o *rock*, principal meio de divulgação desse comportamento que, obviamente, não contava com o apoio dos pais (Pv 13.24; Ef 6.1; Cl 3.20). Deus tem outorgado aos pais a responsabilidade de educar os filhos. Essa prerrogativa Ele não deu aos avós, nem às escolas, nem ao Estado, nem aos grupos de jovens, nem aos colegas e nem aos amigos (Dt 6.6,7; Sl 127.3-5; Pv 22.6). "Honra a teu pai e a tua mãe, para que se prolonguem os teus dias na terra que o Senhor teu Deus, te dá" (Êx 20.12).

2. *Ingratidão*. Em vez de ser grato a Deus pelo sacrifício redentor de Cristo, o ser humano prefere culpá-lo por todas as catástrofes e infelicidades (Is 1.2,3; Rm 1.21)."Amai, pois, a vossos inimigos, e fazei o bem, e emprestai, sem nada esperardes, e será grande o vosso galardão, e sereis filhos do Altíssimo; porque ele é benigno até para com os ingratos e maus" (Lc 6.35).

3. *Falta de amor*. Sem afeto natural. A expressão grega astorgoi, refere-se à falta de atenção à família. Cada vez mais haverá pais desafeiçoados em relação a seus filhos, e filhos que negligenciarão os cuidados para com seus pais idosos (Lv 19.18). "Por se multiplicar a iniqüidade, o amor de muitos se esfriará" (Mt 24.12).

4. *Crueldade*. Crimes hediondos sempre têm sido praticados por causa da crueldade dos homens (Êx 1.22; Jz 1.6; 1 Sm 11.2; 2 Rs 25.7; Jr 38.6; Dn 3.19-23). Exemplo antigo foi o crime hediondo praticado pelo levita contra a sua concubina (Jz 19). O homem cruel respira a crueldade (Sl 27.12; Pv 11.17). Crueldade até mesmo para com os animais (Nm 22.27; Pv 12.10).

5. *Dureza de coração*. "Irreconciliáveis"; o mesmo que "implacáveis". Nas normas de sobrevivência do mundo de hoje, não há espaço para a compaixão nem para o perdão. O Senhor condena o ódio vingativo. "Quando estiverdes orando, perdoai, se tendes alguma coisa contra alguém, para que vosso Pai, que está nos céus, vos perdoe as vossas ofensas" (Mt 5.21-26; Mc 11.25; Mt 11.29).

6. *Calúnia*. A difamação, as trocas de acusações entre pessoas, entidades, nações e as guerras nos tribunais, têm sido usadas cada vez mais em nossa sociedade. Satanás é o principal caluniador ou "acusador dos santos" (Ap 12.10), mas o poder da oração dos santos será fundamental para vencê-lo. Para termos um bom relacionamento com Deus nunca devemos fazer fofocas ou dizer algo no intuito de destruir a reputação de alguém (Sl 15.3).

7. *Traição*. Os grandes executivos não se acanham (e até se orgulham) de passar "rasteiras" nos oponentes ou nas empresas rivais. Políticos (até no ministério) retiram seu apoio e descumprem promessas ao sabor das conveniências pessoais (1 Sm 11.15; 2 SM 13.28; 1 Rs 21.8-14; Nm 6.2; Et 3.8,9). Ex.: Judas, o traidor (Mt 26.47-50). "Seja, porém, o vosso falar: Sim, sim; não, não, porque o que passa disso é de procedência maligna" (Mt 5.37).

8. *Hipocrisia*. A hipocrisia está sempre presente na igreja e fora dela (Is 9.17; Is 29.15,16; Mt 6.2,5,16;22.18;23.5). Já percebeu que todos os artistas e ímpios, por mais devassos que sejam, sempre se apresentam ou são apresentados como verdadeiros modelos de virtude? "...tendo

aparência de piedade, mas negando a eficácia dela". Observe a condenação dos fariseus (Mt 23.13-39).

9. *Aversão ao bem* (Sl 14.1). Hoje é cada vez mais comum "heróis" (nos livros, nos videogames, nas histórias em quadrinhos) de caráter explicitamente mau, bem como demônios e monstros que não escondem sua malignidade. O cristão deve ser "amigo do bem" (Tt 1.8).

10. *Abuso de poder.* Diz respeito aos homens "obstinados, orgulhosos" ou aos "atrevidos e cheios de orgulho" (NTLH). Governantes, chefes, bandidos e maus policiais cada vez mais abusam do poder que detêm (Ez 28.5-8; Jo 19.10,11). Pastores de ministérios independentes, que não prestam contas a ninguém, estão sujeitos ao mesmo pecado (Hb 13.17; Rm 12.8c; 2 Ts 5.12,13; 1 Tm 5.17). Veja o exemplo do servo que na ausência do seu senhor espancava os conservos (Mt 24.46-51).

Doenças Religiosas

O pecado prejudicou o relacionamento do homem consigo mesmo, com os outros e com Deus. Neste século perverso, os principais pecados contra Deus são:

1. *Blasfêmia.* A blasfêmia é uma afronta verbal à majestade de Deus (Mt 12.22-32; 15.19; Sl 74.18). No Antigo Testamento o blasfemador era condenado com a pena de morte por apedrejamento (Lv 12.22-32). Não devemos dar lugar à blasfêmia (2 Sm 12.14; 1 Tm 6.1). Na Dispensação da Graça a blasfêmia pode ser perdoada, exceto a blasfêmia contra o Espírito Santo (Mt 12.31,32).

2. *Irreverência para com o sagrado.* O mundo não tem respeito pelo sagrado, racionalizando tudo. Mas a pior profanação está na casa de Deus, com a falta de sinceridade e irreverência durante o culto divino (Sl 93.5b). "E (Jesus) os ensinava, dizendo: Não está escrito: A minha casa será chamada por todas as nações casa de oração? Mas vós a tendes feito covil de ladrões" (Mc 11.17; Is 56.7).

3. *Amor aos prazeres.* Característica daqueles que preferem ser mais amigos dos deleites a amigos de Deus. A sociedade em que vivemos é chamada de hedonista. O hedonismo origina-se do grego *hedone* que significa prazer,

deleite, aprazimento (Lc 12.19). O hedonismo assevera que o principal ou mesmo único alvo da vida humana é a obtenção do prazer, paralelamente à tentativa de evitar a dor ou o sofrimento (Pv 21.17; 2 Pe 2.13). A vida cristã nos concede muitos prazeres destacando-se as virtudes como a fé, a esperança e o amor. O próprio céu é descrito como prazeroso, com a ausência de sofrimento e dor (Ap 21.2-4). "Os que são de Cristo crucificaram a carne com as suas paixões e concupiscências" (Gl 5.24).

Tempos Trabalhosos

A expressão "tempos trabalhosos", no grego *chalepos,* refere-se a tempos severos, selvagens, difíceis, perigosos, dolorosos, ferozes, cruéis, difíceis de lidar (Ef 5.16). A palavra "trabalhosos" descreve uma sociedade desprovida de virtudes (2 Tm 4.3,4), mas que é caracterizada por abundantes vícios. Vejamos alguns motivos:

Aumento da maldade — diante da proliferação de tantos males (Mt 24.12), a convivência entre os seres humanos torna-se cada vez mais difícil ou "trabalhosa" (Sl 12.1).

Competição desenfreada — no ambiente familiar, no trabalho, na sociedade e até na igreja (Mq 7.2,5,6; Mt 24.7; Mc 13.8; Lc 21.10; Mt 10. 35,36).

Excesso de informação — no mundo globalizado e informatizado, quem quiser se destacar precisa absorver e filtrar uma avalanche de informações e apresentar melhores resultados cada vez com mais rapidez (Ec 1.18; 12.12).

Século XXI — Avanços e Retrocessos

Avanços

Estamos no alvorecer do novo século, na era denominada pós-modernidade. A Engenharia Genética, a Informática (Internet), os cartões de crédito, a exploração do espaço, têm proporcionado o seguinte saldo para a humanidade: Um menor número de pessoas trabalhando e mais produção. Tais mudanças provocam uma corrida desenfreada (Ec 8.16).

O mundo está engrenado numa marcha cada vez mais acelerada (Dn 12.4). O mais rápido suplanta o menos veloz (Jr 12.50). Basta olharmos ao nosso redor e observaremos mais produtos, mais facilidades, maior conforto (Lc 12.19). Parece que o mundo ficou bem menor.

Retrocessos

Em contrapartida, as pessoas encontram-se mais ansiosas, mais carrancudas, mais preocupadas (Sl 39.6; Ec 1.17,18; Fp 4.6; 1 Pe 5.7). Vivem sempre reclamando da vida (Ec 4.6).

Os jornais, a TV, os sociólogos, políticos, teólogos, são unânimes em afirmar que estamos vivendo um momento bastante crítico, difícil e assustador na sociedade atual.

Se no raiar deste novo milênio estamos admirados, estupefatos com a rapidez do desenvolvimento tecnológico e cultural que atingimos, por outro lado, o quadro que retrata a realidade social vivida pelo homem hodierno, por incrível que pareça é diametralmente oposto a esse desenvolvimento (Lc 21.34). Fome, desemprego, miséria, violência, insegurança, promiscuidade, AIDS, drogas, tensões, ansiedade, conflitos, crianças abandonadas, exploradas e violentadas, jovens transviados, infidelidade conjugal, famílias desestruturadas, são as evidências dessa realidade.

Você já parou para refletir sobre esta triste realidade, ou está tão ansioso, tão apressado que não tem tempo para pensar, para viver?

Qualidade de Vida para este Século

Como será o século XXI para você?

Para muitos cristãos os tempos difíceis parecem que vão continuar. Isso gera tristeza, descontentamento, decepção, desânimo, aflição, desespero, ansiedade, medo, depressão, desgosto, e tantos outros dissabores. Não devemos nos esquecer a advertência de Paulo: “Sabe, porém, isto: nos últimos dias, sobrevirão tempos difíceis, pois os homens serão egoístas” (2 Tm 3.1,2). A Edição Revista e Corrigida, por sua vez, diz: “Sabe, porém, isto: que nos últimos dias sobrevirão tempos trabalhosos. Porque haverá homens amantes de si mesmos”.

Entretanto, mesmo em meio à apostasia religiosa que está sendo instalada nos nossos dias, as rebeliões sociais e políticas, as freqüentes calamidades naturais que temos visto nos últimos dias, a degradação da moralidade, todos esses fatos são precursores da vinda de Jesus, entretanto, os crentes fiéis, com a ajuda do Espírito Santo, podem desfrutar de vida abundante, prometida pelo Senhor Jesus.

Qualidade Total

A verdadeira "Qualidade Total" deve levar-nos a colocar o Senhor em primeiro lugar em nossas vidas (Mt 6.33). Caso contrário, poderemos ser pessoas bem vestidas, bem alimentadas, produzindo mais com menor custo, porém, sobrevivendo com a vida espiritual e moral decadentes (Mc 8.36). Jesus disse: "Eu vim para que vocês tenham vida e vida em abundância" (Jo 10.10b), isto é, vida com qualidade!

Vida de Alta Qualidade

Quando Jesus tem a primazia sobre todo o nosso ser, Ele comunica vida de alta qualidade a cada um de nós. Portanto, peçamos a Deus que nos ajude a investirmos em uma vida cristã mais abundante, dentro dos parâmetros da "Qualidade Total" (1 Cr 4.10; Sl 18.36;118.5).

Se desejarmos desfrutar dessa vida de alta qualidade proposta pelo Senhor Jesus, devemos envidar todos os esforços nas seguintes áreas:

Mais qualidade na nossa família. Tenhamos mais prazer na vida conjugal; mais diálogo no lar; mais alegria e tempo para os nossos filhos; mais fidelidade conjugal; mais compreensão; mais amor (Ef 5.22-33).

Mais qualidade no nosso trabalho. Que haja mais pontualidade da nossa parte; mais dedicação nas nossas atividades; mais aperfeiçoamento; mais produtividade (Ef 6.5,6).

Mais qualidade na escola. Mais estudo da nossa parte; mais atenção, maior concentração; mais testemunho de vida cristã (Sl 111.10).

Mais qualidade nos nossos relacionamentos. Mais cordialidade; mais camaradagem; mais fidelidade; mais paciência; mais compreensão; mais solidariedade (Ef 5.19-21).

Mais qualidade no trato com a Bíblia Sagrada, a Palavra de Deus. Mais contato com a Palavra, mais leitura e meditação da Palavra; mais exame e obediência à Palavra; mais desejo de guardar a Palavra em nossos corações; mais determinação em praticar a Palavra; mais pregação da Palavra (Os 6.3a; Sl 1.1,2; 119.9,11,105).

Mais qualidade nas nossas orações. Mais tempo a sós com Deus; mais oração no quarto; mais oração de joelhos; mais oração em grupos; mais oração em público; mais oração no Espírito; mais oração segundo a vontade de Deus; mais oração específica; mais oração em nome de Jesus; mais perseverança na oração; mais oração com espírito de perdão; mais oração com fé; orar sem cessar (1 Ts 5.17; Lc 11.1).

Vivendo Melhor neste Século

Será perfeitamente possível uma vida melhor neste novo século, sem o gosto amargo do fracasso, sem a eterna mesmice, sem medo e sem traumas, porque o nosso Senhor prometeu que estará conosco, todos os dias, até a consumação dos séculos (Mt 28.20).

Medite sobre os tópicos relacionados a cada área de sua vida. Seja humilde e não tenha medo de tomar decisões. Decida hoje mesmo a ter uma qualidade de vida espiritual mais abundante!

O Apóstolo Paulo exorta o jovem Timóteo a continuar firme no Evangelho em razão de um grande avanço do mal (1 Co 15.58; Fp 1.27). Ele afirma que na medida em que se aproxima a Volta de Cristo, as pessoas serão caracterizadas por todos os tipos de perversão egoísta e artificial. A solução para o cristão é firmar-se nos valores da Palavra de Deus, a despeito do que diz o mundo. Somos separados (santos). "Aquele que perseverar até ao fim será salvo" (Mt 24.13).

Onde Colocar as Emoções para Ser Feliz?

Esta pergunta eu encontrei quando estava navegando na internet. Trata-se de um artigo de autoria da Drª Gláucia Brito Gebara, Psicóloga Comportamental Cognitiva, da Igreja Missionária Evangélica Maranata. Segundo ela, essas técnicas que são usadas em consultórios para trazer o bem estar emocional de muitas pessoas, as quais foram adaptadas para um contexto cristão, poderão ser de grande ajuda para alcançarmos a felicidade. Leiamos com atenção:

> A paz é o objetivo principal para que o homem seja feliz. Com a quantidade de estímulos estressantes que vivemos atualmente, o ser humano fica cada vez emocionalmente mais frágil.

Desde cedo o grau de respostas adaptativas é maior. Provas escolares, falar outro idioma comprar casa própria, andar na velocidade dos carros, caso contrário você pode estar atrapalhando o trânsito ou se você é um pedestre tem que prestar atenção para não ser atropelado. Morar em prédios altos, medo dos elevadores, medo de ladrões, medo de seqüestro e até mesmo seqüestros relâmpagos.

O sistema nervoso é o mesmo, desde quando não havia essa quantidade enorme de variáveis precipitantes que levam cada indivíduo a passar cada um por algum tipo de transtorno emocional.

E o que fazer para melhorar nossa qualidade de vida segundo a orientação bíblica?

1) Colocar em sua mente só o que possa ajudá-lo realmente a ser feliz. Atitudes positivas.

No momento em que vier a sua mente algo ruim, alguma voz interior lhe dizendo que você é incapaz, que você não tem condição, rebata esse sentimento de baixa auto-estima com outro, mediante a sua razão. Não é seu sentimento que deve controlá-lo, quem controla seu sentimento é você. Diga a si mesmo: *Outros conseguiram, eu também posso conseguir. Outros foram capazes, eu também posso ser...*

A Bíblia diz que o coração do homem é enganoso. Quando a Bíblia fala de coração, está dizendo que o que você sente pode ser: passageiro, volúvel e irreal. Então treine esse mecanismo, rebata seu pensamento com outro, seja "expert" nisto. Não fique achando que isso soa como falso, pois não é. Isto é psicologia pura e aplicada em diversos tratamentos de transtornos psicológicos. E para nós que somos cristãos isso também é Bíblia pura. Você pode também rebater seus pensamentos negativos com versículos bíblicos motivadores: "Quero trazer a memória o que me pode dar esperança" (Lm 3.21). "Quanto ao mais, irmãos, tudo o que é verdadeiro, tudo o que é honesto, tudo o que é justo, tudo o que é puro, tudo o que é amável, tudo o que é de boa fama, se há alguma virtude, e se há algum louvor, nisso pensai. O que também aprendestes, e recebestes, e ouvistes, e vistes em mim, isso fazei; e o Deus de paz será convosco" (Fp 4.8,9).

2) Não tenha pensamentos antecipados ou precipitados.

Nós sempre temos a tendência de sofrer por antecipação. Na maioria das vezes as coisas pelas quais sofremos nem mesmo acontecem. Assim perdemos energia sofrendo muitas vezes à toa. Também quando sofremos antes, geralmente, não ajuda a resolvermos o problema.

Temos que pensar nas soluções para nossos problemas, mas o sofrer muitas vezes gera em nós uma ansiedade que obscurece nosso entendimento e nossa inteligência fazendo com que não visualizemos a solução mais adequada e que de repente, está tão óbvia. É como se você estivesse no meio de um nevoeiro; a nuvem; a ansiedade atrapalha que você veja. Logo que o nevoeiro passa, tudo fica tão claro. Isto você pode fazer mudando o foco de seu pensamento. Quando vier em sua mente pensamentos preocupantes os quais não adianta você ficar remoendo, já que isto não ajudaria, rebata esses pensamentos com outros pensamentos. Diga a você mesmo: *Não vou sofrer por antecipação, não há nada que eu possa fazer agora*. E pense em outra coisa que você possa evitar o estresse desnecessário.

"A solicitude no coração do homem o abate, mas uma boa palavra o alegra" (Pv 12.25). Seja bondoso com você mesmo. Saiba que o maior carrasco do homem é ele mesmo.

"Lançando sobre ele (Deus), toda a vossa ansiedade, porque ele tem cuidado de vós" (1 Pe 5.7). "Por isso vos digo: não andeis ansiosos pela vossa vida, quanto ao que haveis de comer ou beber; nem pelo vosso corpo, quanto ao que haveis de vestir. Não é a vida mais do que o alimento, e o corpo, mais do que as vestes? Observai as aves do céu: não semeiam, não colhem, nem ajuntam em celeiros; contudo, vosso Pai Celeste as sustentam. Porventura não valeis vós muito mais do que as aves do céu? Qual de vós que por mais ansioso que esteja, pode acrescentar um côvado ao curso da vida? E por que andais ansiosos quanto ao vestuário? Considerai como crescem os lírios dos campos: eles não trabalham, nem fiam. Eu, contudo, vos afirmo que nem Salomão, em toda a sua glória, se vestiu como qualquer deles" (Mt 6.25-29). "Não andeis ansiosos de coisa alguma ;em tudo, porém, sejam conhecidas, diante de Deus, as vossas petições, pela oração e pela súplica, com ações de graças" (Fp 4.6).

3) Não evite o problema!

Encare o problema! Evitar o problema pode dar um alívio imediato, só que é momentâneo, o problema continua lá, muitas vezes se avolumando. A Bíblia diz em Josué1.8: "Sê forte e corajoso; não temas, nem te espantes, porque o Senhor, teu Deus, é contigo por onde quer que andares". Se o seu problema trouxer muita dor, crie etapas para enfrentá-lo. E à medida que você for alcançando o sucesso, valorize seu empenho. Se elogie e trate a você mesmo como se estivesse tratando o seu melhor amigo.

Quando Davi lutou com Golias, ele criou etapas em seu percurso, ele primeiro fez planos, traçou estratégias. A estratégia dele foi simples: Ele procurou pedrinhas lisinhas que o possibilitassem a entrar na batalha. Descubra você também suas pedrinhas e lute. Davi clamou aos céus e o Deus altíssimo fez a parte dEle.

4) Use a espada na batalha.

A Bíblia diz: "Escondi a tua palavra no meu coração para eu não pecar contra ti" (Sl 119.11). A Bíblia não é um livro comum, este livro tem poder! "Pois a palavra de Deus é viva e eficaz, é mais afiada do que qualquer espada de gumes; ela penetra até o ponto de dividir a alma e espírito, juntas e medula, e julga os pensamentos e intenções do coração" (Hb 4.12). O que você põe dentro é o que você tira.

4

Estresse

O estresse é um mal que faz muitas pessoas sofrerem. Associado a outros fatores, ele pode contribuir para o aparecimento de doenças como a hipertensão arterial, doenças do coração, gastrite, úlcera e alguns tipos de câncer.

Embora o estresse esteja presente desde a criação, tornou-se um assunto popular durante a década de 1980, tendo sido chamado de "mal do século" pela Organização das Nações Unidas (ONU), em seu relatório geral de 1992. Em razão de estarmos vivendo numa época de mudanças cada vez mais profundas e freqüentes, o século XXI continua sendo afetado por esse mal.

Segundo o Dr. Vladimir Bernik, médico psiquiatra, Coordenador da Clínica de Estresse de São Paulo, "diversos pesquisadores notaram que a mudança é um dos mais efetivos agentes estressores. Assim, qualquer mudança em nossa vida tem o potencial de causar estresse, tanto as boas quanto as más". Para ele, "o estresse ocorre de forma variável, dependendo da intensidade do evento da mudança, que pode ir desde a morte do cônjuge — o índice máximo na escala de estresse — até pequenas infrações de trânsito ou mesmo a saída para as tão merecidas férias".

É muito fácil dizer que devemos viver sem estresse, mas é muito difícil fazer isso, porque o estresse faz parte da vida. Todos nós vivemos situações de pressão e exigências no nosso dia-a-dia no trabalho, em casa e nas relações com as pessoas, que, com o tempo, podem levar ao estresse. Além disso, não são poucas as crises deste final de século: Desemprego, baixos salários, violência e tantos outros.

Seis das maiores causas de morte (doenças cardiovasculares, câncer, problemas pulmonares, acidentes, cirrose hepática e suicídio) estão intimamente ligadas ao estresse. Especialistas afirmam que o estresse, associado às condições de vida, é responsável por quase metade das doenças do coração e certos tipos de câncer. Se não podemos eliminar o estresse das nossas vidas, devemos tentar administrar pelo menos o que estiver ao nosso alcance.

Estresse, em português, ou *stress*, em inglês, derivam-se do latim e originariamente tinham a conotação de "aflição" ou "adversidade". Somente no ano de 1800 é que o significado do termo evoluiu para "pressão" ou "esforço".

Estresse nada mais é do que uma resposta do organismo a qualquer estímulo sofrido. Trata-se de uma tensão física, mental e emocional, habitual na vida de todas as pessoas.

Existem várias situações que provocam reações químicas no corpo humano: Alegrar-se em razão de uma promoção, decepção amorosa, sair de férias, uma gripe, iniciar uma dieta, perda do emprego, enfrentar um desafio, estar diante de uma situação de perigo, etc.

Quando está sob ameaça, o organismo libera hormônios — entre eles a adrenalina — que alertam o sistema nervoso sobre o perigo, mas também perturbam a estabilidade do organismo. Este hormônio faz com que o sangue irrigue mais o coração, o cérebro, os pulmões e os músculos nos dando a sensação de estímulo e exaltação. Estas sensações, em doses normais, são boas, porém, quando muito altas e por tempo prolongado podem levar ao estresse.

O estresse pode gerar sérias conseqüências na vida de uma pessoa. De acordo com a Drª Marilda Novaes Lipp, Psicóloga especializada pela PUC de Campinas, o estresse pode causar envelhecimento precoce, obesidade, anemia e baixa imunidade. Num espectro mais amplo, os sinais físicos mais comuns são: Aumento da freqüência cardíaca, tensão muscular, palidez, alteração do sono, alterações digestivas, alteração da função sexual, dermatoses, mudança de peso, quadros alérgicos, baixa resistência a infecções e queda de cabelo. Sinais psicológicos: depressão, sensação de incompetência, desmotivação, tendência a se sentir perseguido, tendência para o autoritarismo, isolamento e introspecção, queda da capacidade de concentração, etc.

Como Detectar o Estresse?

Ao se "estressar", o organismo sofre uma descarga hormonal e se prepara para a ação.

- Aceleram-se os batimentos do coração e a respiração, a pressão arterial sobe, os brônquios se dilatam. Tudo isso para o sangue circular e oxigenar mais os tecidos;
- O baço se contrai, para enviar mais glóbulos vermelhos ao sangue;
- O fígado libera mais glicose na corrente sangüínea, para fornecer mais energia aos músculos e ao cérebro;
- As pupilas se dilatam, aumentando o campo de visão;
- Cresce o número de linfócitos no sangue, os glóbulos brancos que agem para reparar danos físicos e agir na defesa contra agentes agressores, como bactérias e vírus.

Há alguns sinais muito significativos, mesmo que o seu portador não tenha consciência dos mesmos ou os negue constantemente:

Fumar e/ou beber mais do que o habitual;
Passar a comer demais ou súbita perda de apetite;
Insônia;
Cansaço fora do comum;
"Pavio curto";
Dificuldade em tomar decisões que antes eram fáceis;
Dificuldade de concentração;
Apatia ou desinteresse anormais;
Mudanças bruscas de humor.

Outras Causas do Estresse

Com a finalidade de identificar, classificar e avaliar as causas do estresse, foram desenvolvidas diversas pesquisas científicas. Quanto à origem, o estresse pode resultar de diversos fatores, como já vimos anteriormente. Entretanto, de acordo com Wayde I. Goodall, na obra *Pastor Pentecostal,* publicado pela CPAD, além de outras causas por ele detectadas, há duas causas que gostaria de me referir: As forças espirituais e o pecado.

Forças espirituais (demoníacas) podem ser a causa de estresse. Pedro nos alerta: "Sede sóbrios, vigiais, porque o diabo, vosso adversário, anda em derredor, bramando como leão, buscando a quem possa tragar; ao qual resisti firmes na fé, sabendo que as mesmas aflições se cumprem entre os vossos irmãos no mundo" (1 Pe 5.8,9). Paulo exorta: "Não deis lugar ao diabo" (Ef 4.27) e "Revesti-vos de toda a armadura de Deus, para que possais estar firmes contra as astutas ciladas do diabo" (Ef 6.11). Paulo também informa a Timóteo sobre "os laços do diabo" (2 Tm 2.26), que podem atingir algumas vidas. Jesus ensinou os discípulos a orar: "Não nos induzas à tentação, mas livra-nos do mal" (Mt 6.13). Numerosos exemplos nas Escrituras demonstram que o Diabo e suas forças poder ser a causa de tentações, sofrimentos, problemas, impedimentos e estresse. O ataque espiritual do Inimigo só pode ser resolvido em solo espiritual. O ministro deve ser alguém de oração, dedicado ao estudo constante da Palavra e determinado a viver de acordo com as verdades de Deus. Essa disciplina pessoal e as orações da igreja protegerão o servo de Deus do esmagador estresse demoníaco.

O pecado pode causar estresse. Quando não estamos bem com Deus, passamos por dificuldades e estresses inigualáveis. O Espírito Santo, que habita no crente, permite que as dificuldades venham quando o entristecemos. Quando Davi decidiu satisfazer os desejos da carne em vez de seguir a vontade de Deus, sua vida mudou radicalmente para pior (cf. 2 Sm 11-17). A Bíblia descreve claramente os pecados de Davi e as conseqüências trágicas que sobrevieram a ele e à sua família. De fato, todo o Israel foi afetado por causa do seu líder. Deus deixou-nos os exemplos de pessoas que pecaram porque deseja que aprendamos com os erros delas. Paulo frisa: "Tudo isso lhes sobreveio como figuras, e estão escritas para aviso nosso, para quem já são chegados os fins dos séculos" (1 Co 10.11). Por causa do pecado, a vida de Davi tornou-se uma vida de concessões, cheia de desentendimentos e infelicidades. E levou anos para que cessasse as conseqüências de seu pecado. O escritor de Provérbios indaga retoricamente: "Tomará alguém fogo no seu seio, sem que as suas vestes se queimem?" (Pv 6.27) Assim é com o pecado. Quando escolhemos desobedecer a Deus, há o correspondente julgamento e disciplina provenientes de nosso amoroso Pai divino.

20 Passos para Vencer o Estresse

Segundo Daniel Boarim ( ), pessoas que sofrem de estresse profundo, chegam a perder a alegria de viver. É natural que todos queiram vencê-lo. Pensando nelas, os especialistas dão uma série de conselhos que valem a pena ser seguidos. Se você os levar a sério, certamente conseguirá livrar-se do estresse. Mas não se esqueça: vá com calma. A seguir, ele apresenta os vinte passos para que uma pessoa vença o estresse:

1. *Pense no que está causando suas tensões*. À medida do possível, remova ou contorne essas causas. Por exemplo, se você é daqueles que vivem atrasados, procure planejar melhor os horários, de modo que não precise passar o dia correndo de um lado para outro.

2. *Concentre seu esforço em uma atividade por vez*. Quem se preocupa com mil tarefas ao mesmo tempo, não executa bem nenhuma delas, e acaba estressado.

3. *Procure equilibrar as atividades intelectuais com recreação e atividades físicas*. Pessoas que fazem grande esforço intelectual e não praticam atividade física, com o tempo experimentam considerável queda no rendimento mental.

4. *Não negligencie os exercícios físicos*. As atividades devem ser feitas em ambiente agradável, junto à natureza. Satisfação maior ocorre quando as atividades são produtivas. A jardinagem é bom exemplo dessa combinação.

5. *Separe tempo para relacionar-se socialmente com amigos e familiares*.

6. *Cultive pensamentos bons e nobres*. Tenha ideais. Leia bons livros. O melhor livro é a Bíblia, em todos os aspectos.

7. *Relaxe*. Sentado confortavelmente, esvazie a mente de preocupações. Respire lenta e profundamente.

8. *É fundamental que as horas dedicadas ao sono atendam às necessidades orgânicas*. A maioria das pessoas precisa dormir 8 horas por dia.

9. *Antes de deitar-se para dormir, procure esquecer os problemas e as urgências*. Assim, você adormecerá com mais facilidade, e seu sono será mais tranqüilo.

10. *Coma sem pressa, sentindo o sabor da comida*. Antes da refeição, expulse as lembranças incômodas.

11. *Não se deixe dominar pela impaciência ou pelo negativismo*. Às vezes, a imagem que fazemos dos problemas é maior do que eles próprios.

12. *Procure administrar sua "raiva" com sabedoria.* Nos momentos de crise, tente encontrar soluções criativas, em vez de lastimar-se ou pôr a culpa nos companheiros.

13. *Aceite sua dependência de Deus, e aprenda a confiar nEle.*

14. *Qual a vantagem de ser tão competitivo?* Não permita que sua felicidade dependa do julgamento que as pessoas fazem de você.

15. *Faça de seu trabalho uma atividade que lhe traga prazer.* Torne seu ambiente de trabalho um local agradável. Poucas pessoas fazem o que gostam. Se você não está entre os privilegiados, condicione-se a gostar daquilo que faz. Talvez você exerça função modesta na empresa, mas se for caprichoso, seu trabalho será sempre requisitado.

16. *Ao escolher a profissão, não se deixe levar unicamente pelas vantagens financeiras que possa obter.* À medida do possível, procure satisfazer suas preferências e ideais de vida.

17. *A vida oferece rosas e espinhos.* Muitos se incomodam tanto com os espinhos, que não percebem as rosas. Seja diferente e faça o contrário.

18. *Há um provérbio chinês muito importante: "Se teu mal tem cura, por que te perturbas? Se teu mal não tem cura, para que te perturbas?"*

19. *Cuide da alimentação.* Siga a Reforma de Saúde. Com certeza, irá sentir-se mais saudável. Quem se alimenta corretamente, apresenta estrutura psicossomática mais resistente.

20. *Evite preocupações, pois elas trazem sofrimento, depressão e nervosismo.* Aprenda a arte de encontrar soluções para os problemas, sem envolver-se emocionalmente com os eles.

Elias, o Profeta Estressado

O profeta Elias havia acabado de vencer os profetas de Baal (1 Rs 18), porém, no capítulo 19, ameaçado por Jezabel, perdeu a coragem e fugiu para o deserto. Ele tinha caído em profunda situação de estresse, que desejava tão somente morrer (1 Rs 19.4). Todavia, este episódio na vida de Elias nos ensina como lidar com a situação de estresse.

Fato que me chama a atenção, é que na Bíblia Anotada por Scofield, encontramos como título acima do Primeiro Livro dos Reis, 19.4-7: "Deus encoraja Elias". Entretanto, é nas horas que nos sentimos estressados, em grande aperto, desânimo e depressão, que necessitamos ser encorajados por Deus.

Na narrativa bíblica do Primeiro Livros dos Reis, capítulo 19, constatamos cinco providências tomadas por Deus, para tratar do estresse do profeta Elias. São elas:

1ª) Deus o deixou descansar (1 Rs 19. 5-7).
2ª) Deus o deixou ficar só (1 Rs 19.8-10).
3ª) Deus o ensinou a reconhecê-Lo nas pequenas coisas (1 Rs 19.11-14).
4ª) Deus o recolocou no trabalho (1 Rs 19.15-17).
5ª) Deus o fez ver além de si mesmo (1 Rs 19.18).

Todos nós, homens e mulheres que servimos ao Senhor, estamos sujeitos a experimentar derrotas, desânimo e depressão, etc.

É de bom alvitre descobrir a causa do mal que está nos afligindo. Devemos lutar para removê-lo e repor as energias que foram perdidas, caso contrário, corremos o risco de sermos acometidos de um esgotamento físico, mental e espiritual profundos, o que nos tornará prostrados e incapazes de desenvolver as nossas atividades cotidianas.

Tiago, disse séculos mais tarde que "Elias era homem semelhante a nós, sujeito aos mesmos sentimentos..." (Tg 5.17) Porém, como vimos na vida de Elias, Deus tem um remédio especial para aqueles que se encontram na mesma situação que o profeta Elias se encontrava.

Se você leitor, se encontra desanimado, desiludido, desencorajado, decepcionado, cansado, esgotado, estressado, prostrado, cheio de queixumes e resmungos, levante a cabeça, comece a olhar para Jesus, autor e consumador da nossa fé, e receba novo encorajamento da parte do Senhor, por intermédio do Espírito Santo, que pode e quer te reanimar e revigorar todo o teu ser, agora, onde você se encontra nesse momento!

Eu tenho uma mensagem de encorajamento direta e forte para você: "Não temas, porque eu sou contigo; não te assombres, porque eu sou o teu Deus; eu te esforço, e te ajudo, e te sustento com a destra da minha justiça" (Is 41.10).

Deus promete que irá sustentá-lo com a "destra da" sua "justiça". No original hebraico, isso significa que o Senhor irá sustentá-lo com a sua mão direita vitoriosa. Quando Deus diz: "Eu te esforço", Ele está dizendo que irá equipá-lo para o conflito. Ao prometer que irá ajudá-lo, o Senhor está dizendo que irá sustentá-lo para que você obtenha a vitória. Portanto, tome posse da tua vitória!

Quando nossos lares são invadidos pelo som e imagem da TV, quando os *notebooks* nos mantém ocupados até mesmo enquanto viajamos, quando as luzes brilhantes dos anúncios nas ruas chamam nossa atenção, é realmente um desafio difícil encontrar um tempo para nos aquietarmos. Porém, nessas horas é que o Senhor nos adverte, dizendo: "Aquietai-vos, e sabei que eu sou Deus" (Sl 46.10).

5

Vencendo a Ansiedade

Lançando sobre ele toda a vossa ansiedade, porque ele tem cuidado de vós (1 Pe 5.7).

A palavra ansiedade é traduzida na Bíblia Sagrada como "cuidado". Para muitas pessoas, a *preocupação* ou os *cuidados* passam a ser um modo de vida. Vivem em um eterno estado de incerteza e preocupação.

O Psicólogo John Altrocchi define a ansiedade como um estado emocional doloroso, marcado por inquietude, alarme ou medo e acompanhado por certo grau de excitação autônoma do sistema nervoso.

A ansiedade está no topo da lista dos grandes males que afligem a sociedade dos nossos dias. Este século difícil e trabalhoso tem levado muitas pessoas à ansiedade. Acontecimentos veementes e pavorosos por toda parte, como ataques terroristas, instabilidade econômica, o crescente desemprego, as crises pessoais, têm levado inúmeras pessoas a se preocuparem demasiadamente com a segurança e o futuro (Mt 11.28-30).

Uma das principais causas da ansiedade na vida humana diz respeito ao nosso sustento e às nossas necessidades. A expressão "não andeis cuidadosos" *(merimnao)*, em Mateus 6.25, origina-se do grego *merizo*, que significa "dividir em partes". A palavra sugere uma distração, uma preocupação com coisas que causam ansiedade, estresse e pressão.

Até mesmo entre os crentes em Jesus, há aqueles que se deixam dominar pela ânsia, agitação e medo, anulando a fé em suas vidas. Todavia, o Senhor Jesus, em seus ensinos, revelou-nos o caminho para vencermos a ansiedade, demonstrando que o Deus que cuida das aves e dos lírios do campo, é o mesmo que cuida de nós com seu imenso amor. Para tanto, basta tão somente confiarmos nEle e buscarmos o seu reino e sua justiça em primeiro lugar (Mt 6.33).

As Causas da Ansiedade

São incontáveis as causas da ansiedade: A realização de provas, testes, o medo de uma enfermidade, o medo de rejeição, o medo de perder o emprego, o medo de falência, o medo da morte, etc.Também são causadores de ansiedade, a falta de auto-estima, o desejo de controlar tudo, a preocupação com o que os outros pensam, a imposição dos padrões de comportamento do mundo, a preocupação com o futuro (Sl 39.6; Ec 1.13; 2.26; 4.6; 8.16; Lc 10.41; 12.29; 21.34).

Por que ficamos ansiosos? Em primeiro lugar é porque somos forçados a competir. A competição é inevitável. O empregador cobra progressos do empregado; os funcionários disputam promoções, nem sempre de maneira leal. Os filhos querem ter um pai de quem possam se orgulhar.

Pela ótica puramente humana, o esforço para se manter na média tem sido causa de constante ansiedade. Saul ficou ansioso para se manter em evidência quando percebeu que Davi era mais amado pelo povo (1 Sm 18.7,8).

Em segundo lugar, ficamos ansiosos porque sempre queremos mais. Quem consegue comprar uma casa pequena quer uma maior; quem consegue uma maior quer uma mansão; quem consegue uma mansão quer um castelo. Sempre queremos mais, pois estamos querendo alcançar alguém (Pv 15.16). Diz o Pregador que para o trabalho do homem "não há fim, nem os seus olhos se fartam de riquezas" (Ec 4.8). Confira os seguintes textos bíblicos: Lucas 3.14; Filipenses 4.11; 1 Timóteo 6.6,8.

Ficamos ansiosos, também, porque não confiamos em Deus. O mundo tenta nos fazer acreditar que somos capazes de conseguir tudo o que queremos por esforço próprio; que atingiremos sozinhos a perfeição espiritual (doutrina gnóstica, etc.); que somos também divinos. O ser humano é criação de Deus, e é perigoso considerar-se divino (Gn 2.7; At 12.21-23).

Como já dissemos, a ansiedade tem sido uma marca registrada dos nossos dias. O homem "pós-moderno" vive debaixo do jugo da ansiedade (Fp 4.6; 1 Pe 5.7).

Conseqüências da Ansiedade

A ansiedade é moderna? Não! A ansiedade é tão antiga como a natureza humana! Ao longo da história da civilização humana homens e mulheres sempre apresentaram ansiedade. Umas gerações com mais, outras com menos. Na Grécia, antes de Platão, a ansiedade era extrema, na época de Lutero também. Nos dias atuais não é diferente, pelo contrário, têm aumentado assustadoramente. "Metade de todos os leitos dos hospitais são ocupados por pessoas que se preocupam tanto que acabam ali" (Dr. Charles Mayo – USA).

A ansiedade pode levar a pessoa ao estresse. Estresse é a denominação dada a um conjunto de reações orgânicas e psíquicas de adaptação que o organismo emite quando é exposto a qualquer estímulo que o excite, irrite, amedronte ou o faça muito feliz. Esse problema tornou-se crônico na sociedade moderna. Todavia o estresse tem sido constatado com muita freqüência dentro da própria igreja, atingindo tanto os membros como seus líderes.

Excesso de trabalho; mudanças drásticas na vida (divórcio, perda de emprego; morte de ente querido); tensões prolongadas decorrentes de problemas familiares ou no trabalho; hábito constante de estar se culpando e achando-se indigno perante o Senhor, são considerados como causadores de estresse.

Estafa, fraqueza, dificuldade para raciocinar e memorizar, desânimo, enfermidades físicas, perda da libido, alteração do apetite (inapetência — falta de apetite até gula), alteração do humor (depressão), desânimo de orar e de ler a Palavra de Deus, são sintomas apresentados por pessoas estressadas.

Uma pessoa ansiosa pode apresentar, ainda, as seguintes características: Insônia, ataques de nervos, músculos contraídos, impaciência excessiva. Geralmente esses sintomas se verificam através da expressão de nervosismo, como os movimentos dos dedos e das mãos, o choro incontrolável, a testa sempre franzida e os ombros caídos.

A ansiedade pode minar a saúde de uma pessoa. Já vimos que a ansiedade está relacionada com a palavra *"preocupar-se"*, que significa literalmente *"dividir-se"*. A ansiedade divide a mente da pessoa quanto aos interesses de valor e pensamentos danosos. Quando alguém da família está ansioso, toda a família poderá ser afetada por suas preocupações, resultando numa inquietação generalizada.

Os padrões individuais de ansiedade variam amplamente. Alguns têm sintomas cardiovasculares, tais como palpitações, sudorese ou opressão no peito; outros manifestam sintomas gastrintestinais como náuseas, vômito, diarréia ou vazio no estômago; há ainda os que têm mal-estar respiratório ou predomínio de tensão muscular exagerada. Enfim, os sintomas físicos e viscerais variam de pessoa para pessoa.

Psicologicamente a ansiedade pode monopolizar as atividades psíquicas e comprometer, desde a atenção e memória, até a interpretação fiel da realidade.

A ansiedade pode causar outros males. Além de causar debilidades físicas, a ansiedade drena a energia de uma pessoa, reduz sua produtividade, levando-a, também, a tomar decisões insensatas. "A ansiedade é um caminho que normalmente leva a pessoa a um estado de medo e negatividade, sem um minuto de paz sequer" (*Paz*, de Charles Stanley, publicado pela CPAD).

Prevenindo a Ansiedade

Não haverá lugar para a ansiedade em nossas vidas quando estivermos decididos a dar prioridade a Deus nas seguintes áreas da nossa vida:

1. *Nas nossas finanças*. Em Mateus 6.19-24 somos encorajados a colocar Deus em primeiro lugar na área das nossas finanças. A décima parte do Evangelho de Mateus refere-se a dinheiro. Devemos evitar armazenar para nós mesmos valores materiais além do necessário (1 Tm 6.6-10).

Há uma paixão humana descontrolada pelas possessões materiais e isso é completamente errado. As riquezas que acumulamos nesta vida são perecíveis e passageiras, porém, aquelas que acumulamos para a vida futura, essas sim, são permanentes e eternas.

No oriente, a riqueza consistia em valiosos tecidos e roupas, além de moedas. A frágil traça e a ferrugem eram capazes de destruir as economias de uma pessoa. A tônica da advertência do Senhor Jesus era esta: Onde estivesse o seu tesouro, o seu coração ali estaria. Jesus não proíbe as posses materiais (1 Tm 6.17), mas proíbe um materialismo egoísta e extravagante que prende uma pessoa a esta Terra.

2. *Nas nossas necessidades básicas (cotidianas).* Isso é o que vemos em Mateus 6.25-32. É inútil preocupar-se a respeito do que vamos comer, beber ou vestir. Tal preocupação é desnecessária (vv. 26,28-30), infrutífera (v. 27) e inadequada para um cristão (vv. 31,32). Deus cuida daqueles que não podem semear ou colher.

Os filhos dos corvos, considerados como as mais indefesas das aves, têm suas necessidades supridas por Deus (Sl 147.9). Certamente, o Senhor suprirá todas as necessidades dos seus.

3. *No nosso trabalho para o Senhor.* No versículo 33 o Senhor Jesus nos motiva a colocar Deus em primeiro lugar no trabalho que realizamos para Ele. Jesus mostra a verdadeira escala de valores: o corpo vale mais do que seu vestuário, a vida vale mais do que a comida que a sustenta (vv. 25-32), e acima destas coisas terrenas, devemos colocar Deus em primeiro lugar em termos de tempo, preferência e intensidade.

A recompensa de nossa busca será que todas as coisas nos serão acrescentadas. Quem dá a Deus a posição central em sua vida, gozará do seu cuidado onipotente e eterno (Rm 8.32).

Deixar a Ansiedade — Tarefa Difícil para alguns Cristãos

"Pois ele te livrará do laço do passarinheiro e da peste perniciosa. Cobrir-te-á com as suas penas, e, sob suas asas, estarás seguro; a sua verdade é pavês e escudo" (Sl 91.3,4 – ARA).

Apesar de encontrarmos muitas passagens na Bíblia a respeito de promessas de fidelidade, de provisão e da proteção de Deus, a tarefa mais difícil dos cristãos, consiste em seguir a ordem expressa nas três palavras *não andeis ansiosos*. "Não estejais inquietos por coisa alguma, antes, as vossas petições sejam em tudo conhecidas diante de Deus, pela oração e súplicas, com ação de graças. E a paz de Deus, que excede todo o entendimento, guardará os vossos corações e os vossos sentimentos em Cristo Jesus" (Fp 4.6,7). A exortação de Deus "Não estejais inquietos", não se trata de um conselho amoroso, de um desejo ou de um simples pedido, mas de uma ordem.

Em nossa vida, existem muitas coisas que podem nos causar preocupação: Problemas familiares, problemas financeiros, problemas de saúde, problemas de ordem espiritual, etc. Racionalmente nos preocupamos com estas coisas, mas o cuidado de Deus está acima do nosso entendimento. Não andeis ansiosos, porque grande é o Senhor.

Exemplos da providência de Deus para com o seu povo e para com os seus filhos:

Israel esteve por 40 anos no deserto. Nunca faltou pão e água aos israelitas, e suas sandálias não se gastaram nos seus pés (Dt 29.5). Quando Josué e Calebe entraram na Terra Prometida, ainda tinham nos pés as mesmas sandálias que usavam quando saíram do Egito!

Nenhum pardal cairá no chão sem o consentimento do Pai. Alguém disse: "Deus participa do funeral de cada pardal". Quanto mais preciosos somos nós do que um pardal (Mt 10.29; Lc 12.6)?!

Ele veste os lírios no campo com glória e esplendor maiores que a glória de Salomão (Mt 6.28-30).

Ele que se preocupa com cada boi, quanto maior cuidado tem de nós (1 Co 9.9,10)!

Jesus Cristo, o Bom Pastor, toma sobre seus ombros cada ovelha perdida que encontra (Lc 15.3-7) como o sumo sacerdote trazia sobre seus ombros e sobre seu peito os nomes das doze tribos de Israel (Êx 28.6-29). E Jesus é o grande Sumo Sacerdote.

Nossos nomes estão gravados nas suas mãos. Na cruz Ele nos sustenta plenamente (Is 49.16).

Ele conta os cabelos da nossa cabeça, e nossas lágrimas são recolhidas por Deus e inscritas no seu livro (Mt 10.30; Sl 56.9). Qual pai ou mãe já fez isso, alguma vez, com seus filhos?

Nenhuma arma forjada contra nós prosperará (Is 54.17); nós somos como a menina do seu olhos (Zc 2.8).

Não submergiremos nos rios e não queimaremos no fogo (Is 43.2).

Em toda a nossa angústia Ele é angustiado (Is 63.9).

Aquele que nos guarda não dormita nem dorme (Sl 121.3,4).

Ele nos compreende mesmo sem palavras, disse o rei Davi (Sl 139.2).

Ele é tão grande que entregou sua vida por nós (Jo 10.11), e não cuidaria de nós todos os dias?

Ele nos carregará até que tenhamos cabelos brancos e cuida de nós "desde o princípio até ao fim do ano" (Is 46.4; Dt 11.12).

E em Hebreus 13.5 lemos: "De maneira alguma te deixarei, nunca jamais te abandonarei".

Razões para não Cairmos na Ansiedade

Em Mateus 6.19-34, encontramos dez razões para dizermos não à ansiedade:

1ª) Porque os bens deste mundo podem ser roubados ou deteriorados (v.19-21).

2ª) Porque os bens deste mundo podem poluir a vida com a cobiça (v.22,23).

3ª) Porque os bens deste mundo exigem do homem uma dedicação de servo, e o homem é colocado entre duas opções (v.24).

4ª) Porque uma das estratégias do Inimigo é fazer o homem lutar por coisas que não tem relação com aquilo que é a sua necessidade básica (v.25; Pv 30.8).

5ª) A ansiedade impede o homem de possuir as coisas, quando elas lhe são dadas.

6ª) A ansiedade vem quando a pessoa não crê no senso dos valores de Deus (v.26).

7ª) A ansiedade não prolonga a vida, ela não pode aumentar os anos da existência humana (v.27).

8ª) A ansiedade não produz fé, porque ela não descansa na provisão diária de Deus (v.30; Sl 37.25).

9ª) Deus sabe e conhece quais são as necessidades humanas, dando-nos o que precisamos e não o que queremos (v.31,32).

10ª) Hoje não é o dia de nos preocuparmos com o amanhã (v.34).

Como Vencer a Ansiedade

O que devemos fazer quando a ansiedade nos alcança? Em primeiro lugar, devemos pedir a Deus que nos dê sua paz e as respostas sobre a situação na qual nos encontramos (Jo 16.33). Em segundo lugar, devemos suplicar ao Senhor que nos ajude a concentrar os nossos pensamentos e energias para administrarmos os problemas que estão nos afligindo. A seguir observaremos a nossa conduta em relação à ansiedade.

1. *Fidelidade, em vez de cobiça.* Os bens deste mundo podem poluir a vida com a cobiça (Mt 6.22,23). Os olhos são a lâmpada do corpo; porque aquilo que prende a atenção dos nossos olhos pode representar qual o tipo de caráter que nós temos e determinar a nossa ligação com o céu ou com os valores deste mundo (Pv 23.4,5). A ansiedade sobrevém, quando não se crê no senso dos valores de Deus (Mt 6.26). Creia que você tem valor para Deus. Seja fiel em toda a sua maneira de viver, confiando que Ele sabe o que é melhor para você. Daniel e seus amigos destacaram-se na corte babilônica por sua competência (Dn 1.20), mas não deixaram de ser fiéis a Deus. Temos de nos esforçar para alcançar o "espírito excelente" de Daniel (Dn 5.12; Hb 12.15).

2. *Gratidão, em vez de ambição.* Uma das estratégias de Satanás é fazer o homem lutar por coisas que não têm relação com aquilo que é a

sua necessidade básica (Mt 6.25; Pv 30.8; Is 55.2). Deus sabe e conhece quais são as necessidades humanas. Ele nos dá o que precisamos e não o que queremos (Mt 6.31,32). O ansioso prejudica sua fé, porque não descansa na provisão diária de Deus (Mt 6.30; Sl 37.25). A ansiedade de sempre querer mais é evitada quando aprendemos o segredo de Paulo: "Já aprendi a contentar-me com o que tenho. Sei estar abatido e sei também ter abundância; em toda a maneira e em todas as coisas, estou instruído, tanto a ter fartura como a ter fome, tanto a ter abundância como a padecer necessidade" (Fp 4.11,12; Cl 3.23,24).

3. *Fé em Deus.* "E Jesus respondendo disse-lhes: Tende fé em Deus" (Mc 11.22). Nesta questão, é importante ressaltar a compreensão que devemos ter sobre a ótica de Jesus sobre a ansiedade, bem como o nosso comportamento em relação à mesma.

A compreensão de Jesus sobre a ansiedade. Jesus falou sobre a ansiedade no Sermão da Montanha (Mt 6.25-33). Ele compreendia como ela é inútil, como destrói o equilíbrio, como desperdiça energia, como mina a vitalidade, como arruína a saúde e como encurta a vida. Como já afirmamos, ela é inadequada para um cristão (Mt 6.31,32).

Não devemos estar ansiosos. Quando lemos Mateus 6.25,31 e 34 ficamos deveras surpresos! O texto vai além de uma simples admoestação para evitarmos a ansiedade. Ele nos dá orientações sábias, quando aplicadas no nosso viver diário, e, conseqüentemente nos tornam mais sadios e felizes. Deus sempre tem uma palavra de cura para o seu coração, para o meu, para o de todos nós. A Palavra de Deus tem o poder de nos consolar, de minorar nossos sofrimentos nos momentos difíceis da vida. "[Tua Palavra] é a minha consolação na minha angústia. Porque a tua palavra me vivificou" (Sl 119.50). Essa "palavra" possui, também, a capacidade de cicatrizar feridas, bem como de mudar a forma de encararmos as vicissitudes da vida, o mundo e nós mesmos, tornando-nos mais saudáveis e felizes (Hb 4.12; Sl 107.20; Jo 17.17).

A recompensa da fé. A boa e grande notícia de hoje é que Deus não se esqueceu de você. Seus olhos não estão fechados para os teus problemas, nem os seus ouvidos à tua oração (Is 59.1; 65.24; 2 Sm 22.7; Jr 29.13).

Nossa preocupação maior deve ser sempre em buscar o Reino de Deus. Caro leitor, coloque um ponto final nessa ansiedade que tem tirado a sua paz e que tem afetado a sua vida espiritual. Veja como ser liberto desse mal nas passagens bíblicas a seguir. Leia-as com calma, medite em cada palavra, e, após, faça uma oração ao Senhor (1 Pe 5.7;

Sl 55.22). Atenda ao convite de Jesus (Mt 11.28-30). Agora, veja os resultados (Sl 3.5; 4.8). Não fique ansioso. Deus cumpre o que promete. Que o Senhor te abençoe e te guarde!

6

Vivendo sem Medo

No amor não existe medo; antes, o perfeito amor lança fora o medo (1 Jo 4.18a — ARA).

"Medo" é uma das palavras-chave deste século. Ela vem sempre acompanhada de outra palavra: "Segurança". Os homens vivem cada vez mais inquietos, sem paz e desesperados por causa da insegurança do mundo (Sl 27.1-3; 121; 124).

Medo é reação a uma ameaça específica que geralmente é definida com clareza. Ex.: Quando uma pessoa está na presença ou na expectativa de algum perigo real, muitas vezes físico.

Segundo o Dicionário Aurélio, medo "é um sentimento de grande inquietação ante a noção de um perigo real ou imaginário de uma doença, susto, pavor, temor ou terror". Porém, quando esse medo é desproporcional ou exagerado à ameaça e ainda acompanhado de sintomas físicos que incomodam bastante e uma crise de pânico, pode ser classificado como uma fobia.

O termo fobia, por sua vez, designa um medo persistente e irracional de alguma situação, objeto ou atividade que não ofereça perigo real. As fobias estão crescendo cada vez mais por causa do estresse e da angústia provocados pela desorganização da vida moderna. A vida moderna deixa todos mais assustados (Jo 16.33; Rm 8.18; Mt 10.28; 30,31; Lc 21.26).

Os Temores deste Século

O indivíduo tem medo. Cada vez mais o ser humano é vítima de neuroses, fobias e síndromes (como a do pânico). O cidadão comum tem medo. O rico tem medo. O policial tem medo. Até o bandido tem medo (Jó 15.21). Os israelitas desviados tinham medo até do ruído de uma folha seca (Lv 26.36).

As comunidades têm medo. A violência urbana gera um clima de medo e insegurança. As cidades dos tempos bíblicos eram cercadas de muros, pois o risco de ataques era constante (Dt 3.5).

O mundo tem medo. O medo é um dos grandes saqueadores e inimigos da humanidade. O medo pela iminência de ataques terroristas. Quem não se lembra da tragédia que se abateu na cidade de Nova Iorque, nos EUA, no inesquecível dia 11 de setembro de 2001, quando dois aviões haviam se chocado contra as torres gêmeas do *World Trade Center*? Outros ataques mais recentes como em Madri, na Espanha, em Londres, na Inglaterra, sem falar sobre os constantes atentados terroristas que são cometidos no Iraque e em Israel. A Palavra de Deus diz que: “Há medo de todos os lados!” (Jr 49.29). Todavia, os salvos em Cristo podem contar com o “socorro bem presente na angústia” (Sl 46.1,2).

Fobias

A palavra fobia vem do grego *phobos*. Fobos era uma divindade mitológica capaz de causar nos homens um medo incontrolável. Por esse motivo, os escudos dos soldados gregos muitas vezes traziam estampada a imagem de *Phobos*. Dessa maneira acreditavam ser mais fácil apavorar seus inimigos. A fobia é sempre relacionada a uma determinada situação, objeto ou bicho. É irracional, é um medo desproporcional. Interfere nas atividades do cotidiano das pessoas, podendo causar reações físicas violentas.

Existem vários tipos de fobia. Os americanos criaram um ABC da fobia, com cerca de 500 tipos de medos como aracnofobia (medo de aranha), claustrofobia (medo de ambientes fechados), gamofobia (medo de casamento), androfobia (medo de homem), decidofobia (medo de tomar decisões), eclesiofobia (medo de igreja), afania (medo de perder a capacidade sexual), agorafobia (medo de lugares públicos ou espaços abertos); acrofobia (medo de altura); aerofobia (medo de avião); fobia social (quando a pessoa tem medo de "passar vergonha" na frente de outros), medo de dirigir; medo de falar em público, medo de animais, etc. Existem, ainda, outros tipos de medo patológico, como o Distúrbio de Ansiedade Generalizada, a Síndrome do Pânico e o *Stress* pós-traumático.

A fobia é irracional, isto é, não faz o menor sentido ter medo de igreja, por exemplo. Interfere também nas atividades do cotidiano — é muito comum quem tem medo de avião se recusar a viajar, chegando a perder um passeio ou gastando horas e horas fazendo o trajeto de carro. Nos casos mais graves, uma fobia pode significar uma sensação iminente de morte, acompanhada de tonturas, tremedeiras, falta de ar, taquicardia etc.

Antes mesmo de buscar qualquer modalidade de terapia, técnicas de relaxamento, bem como de medicamentos ansiolíticos e antidepressivos, é bom lembrar que se buscarmos a Deus de todo o coração, Ele nos livrará de quaisquer tipos de medos ou fobias (Sl 34.4); se nós olharmos para Ele, Ele nos iluminará (Sl 34.5); se nós clamarmos, Ele nos livrará (Sl 34.6).

Os Medos do Ser Humano

O medo no nascimento. Os psicólogos, por meio de testes de laboratório, verificaram que por ocasião do nascimento dois temores já se encontram presentes: o medo de barulho forte e medo de cair (Jó 14.1; 5.7). Embora comecemos a nossa vida com apenas dois temores, não leva muito tempo para acumularmos dezenas de temores adicionais: Medos de trovão e relâmpago, do escuro, de pessoas, de andar na rua, de atravessar uma rua, de andar de automóvel, trem, navio ou avião, da vida e da morte.

O medo da morte. A figura (medieval) esquelética vestida com capa e foice na mão é deveras assustadora. Junta o medo do desconhecido com o da própria extinção. O medo da morte escraviza o ser humano (Hb 2.15). Entretanto, a religião exerce um papel importante com relação à concepção da morte. É fato que pessoas com maior envolvimento religioso, na linguagem dos antropólogos, têm menos medo da morte (Jo 5.24; 1 Jo 3.14; Ap 12.11;21.4). O cristão preparado não teme morrer (Mt 10.28; Lc 2.29,30; Fp 1.21). Não tenha medo de morrer, pois Jesus é o que foi morto, mas vive (Ap 1.18).

O medo do futuro. Muitas pessoas vivem apreensivas quanto às incertezas relacionadas à economia, à política, às previsões climáticas do planeta, etc. Qual deve ser a postura correta do crente em relação ao futuro? Não devemos ter medo do futuro (Mt 6.33,34; Sl 37.37; 2 Ts 1.7; Hb 4.9). Devemos planejá-lo, mas nunca nos preocuparmos excessivamente (Pv 27.1; Tg 4.14). A ansiedade quanto ao futuro nos traz temor. "Passou a sega, findou o verão, e nós não estamos salvos" (Jr 8.20). Essa preocupação dificulta a nossa confiança em Deus (Tg 4.13; Pv 19.21). Precisamos vencer o medo do futuro. Devemos confiar em Deus como Abraão, que "saiu, sem saber para onde ia" (Hb 11.8). Não devemos ter medo de enfrentar a eternidade, pois Jesus tem as chaves do inferno e da morte, e está vivo para todo o sempre (Ap 1.18).

Os medos dos brasileiros. A revista *Seleções Reader's Digest* de fevereiro de 2006, publicou uma pesquisa realizada pela sua editoria sobre os dez mais intensos medos dos brasileiros: 1) Ser assaltado – 59,8%; 2) Perder um filho – 53,2%; 3) Descobrir que tem uma doença grave – 52,0%; 4) Não conseguir pagar as contas – 43,4%; 5) Sofrer um acidente (de carro ou avião) – 37,1%; 6) Perder o emprego – 26,5%; 7) Ter um ataque cardíaco ou um AVC (Acidente Vascular Cerebral) – 26,2%; 8) Incêndio – 24,8%; 9) Altura – 20,9%; 10) Perder o parceiro (namorado, companheiro ou marido) – 19,6%.

A despeito dos depoimentos de alguns entrevistados mostrando como se livraram desses medos, bem como das orientações dos diversos profissionais especializados nas áreas afins, a matéria não forneceu nenhuma orientação bíblica sobre o assunto. Entretanto, a Bíblia Sagrada, a Palavra de Deus, tem orientações sábias e eficazes para todas essas situações de temores (Sl 119.92,105,165).

Não Temas! — a Resposta para o Medo

O apóstolo João, exilado na ilha de Patmos, recusou-se a permitir que a solidão e o medo tomassem conta da sua alma. No "dia do Senhor" ele ouviu uma grande voz (Ap 1.10,11). Voltou-se, e teve uma visão extraordinária e gloriosa de Jesus (Ap 1.12-16). Essa revelação serviu para dissipar o medo que o apóstolo poderia estar sentindo. O Senhor

Jesus colocou sua mão direita sobre João e disse: "Não temas" (Ap 1.17). Quando reconhecemos a glória da presença de Cristo em nossa vida, experimentamos a libertação do medo que nos assola.

A Palavra de Deus registra os nomes de pessoas de fé, sujeitas às mesmas limitações que nós, as quais realizaram grandes obras porque venceram o medo. Elas constituem verdadeiros exemplos de coragem para todos nós.

Josué e Calebe. Apesar de serem a minoria, demonstraram ser decididos e corajosos, razão pela qual experimentaram o sabor da vitória (Nm 13.30; Js 14.7-9).

Davi. Ainda adolescente, sem experiência militar, não se intimidou diante do inimigo do povo de Deus, colocando o gigante filisteu no chão (1 Sm 17.41-49).

Gideão. Recebeu coragem da parte do Senhor dos Exércitos, e, com apenas trezentos homens, venceu o exército dos midianitas, composto por cento e trinta e cinco mil soldados armados (Jz 7.20-25).

Elias. Não se intimidou diante dos quatrocentos e cinqüenta profetas de Baal e dos quatrocentos profetas de Asera, derrotando-os, sozinho (1 Rs 18.19-39).

Daniel. Não permitiu que o medo interrompesse seu descanso, que foi assegurado pelo anjo do Senhor, cuja boca dos leões fechou (Dn 6.16-23).

Pedro. Enfrentou corajosamente os membros do Sinédrio e não se mostrou medroso diante das ameaças dos mesmos (At 4.1-13).

Paulo. Demonstrou coragem e intrepidez diante das autoridades romanas e nunca demonstrou medo nos interrogatórios, nos açoites e nas prisões (At 24.22-27).

Quando você for assolado pelo medo e encontrar-se em grande aflição, não se desespere, procure controlar-se e ouça a voz meiga e suave do Senhor Jesus te dizendo: "Não temas"! (Mc 5.36; Mt 14.27; Mc 6.50; Jo 6.20).

Como Vencer O Medo

A fórmula para vencer o medo é simples: Está na prática da vida cristã, no amor a Deus e ao próximo. Por amor a Deus, grandes cristãos do passado não temeram entregar a própria vida. Por amor ao próximo, o cristão vê o bandido ou qualquer outro que em termos humanos represente uma ameaça apenas como alguém que necessita da graça de

Deus. (Ap 1.17). Conseqüentemente, o crente em Cristo Jesus deve fazer a vontade de Deus, buscar a presença do Senhor e refugiar-se nEle.

No que tange ao chamado *medo individual,* há uma garantia de proteção. O crente que vive segundo a vontade de Deus, mas que se encontra sob medo e aflição (Sl 3.1,2), pode deitar-se em paz e dormir seguro (Sl 3.5; 4.8; Pv 3.24), sabendo que Deus agirá em seu favor (Sl 3.6). "O anjo do Senhor acampa-se ao redor dos que o temem, e os livra" (Sl 34.7). Confira alguns testemunhos de livramento em Lucas 21.18 e Salmos 23.4.

Quanto ao *medo coletivo (comunidade)*, os cristãos que moram em áreas violentas, com alto índice de criminalidade ou em cidades ameaçadas por catástrofes, atentados terroristas ou ataques militares, são os que mais sofrem com o medo. Julgo oportuna a explicação extraída da *Bíblia de Estudo Aplicação Pessoal* (CPAD), no comentário do Salmo 127.1: "Se o Senhor não edificar a casa, em vão trabalham os que edificam; se o Senhor não guardar a cidade, em vão vigia a sentinela". Vejamos o comentário:

> As famílias constroem suas casas, e as sentinelas guardam as cidades, mas ambas as atividades são inúteis se o Senhor não estiver presente. Uma família sem Deus nunca poderá experimentar o laço espiritual com que Ele ata os relacionamentos. Uma cidade sem Deus se desintegrará devido à sua impiedade e corrupção. Não cometa o erro de deixar o Eterno fora de sua vida. Se o fizer, todas as suas realizações serão inúteis. Faça de Deus a sua prioridade mais elevada, e deixe que Ele edifique a sua vida!

Medo geral (o mundo). A humanidade está mergulhada no medo em razão de que o mundo jaz no maligno (1 Jo 5.19). Todavia, não devemos temer porque Deus preserva aqueles que são seus, exemplo: Noé (Gn 7; Sl 3). Aquele que se refugia em Deus descansa em segurança (Sl 91; Sl 27.1-3).

À guisa de ilustração, transcrevo um artigo de autoria de Norbert Lieth, extraído da internet, http://www.apaz.com.br sob o título: "Quando a alegria vence o medo":

> O medo da solidão é o triste líder
>
> Seus compatriotas, diz o pesquisador inglês Michael Whiteburgh, que estuda o estresse, têm medo de muitas coisas — mas o que mais temem é a solidão. O psiquiatra Whiteburgh, que mantém clínicas de repouso em Liverpool e Londres, publicou uma lista das principais fobias (com base em 2.000 casos de que tratou).

Nela, a solidão (monofobia) está na frente da claustrofobia (medo de ficar em ambientes apertados), da agorafobia (medo de ficar em grandes espaços descobertos), da insetofobia (medo de insetos), da zoofobia (medo de animais) e da astafobia (medo de trovões). O medo de voar vem mais adiante, até mesmo depois do medo de andar de metrô...

O medo é a doença dos nossos dias. Ele assumiu proporções assustadoras. Quando as pessoas não procuram a Deus, enchem-se os consultórios de psicólogos e psiquiatras. Alguns dos medicamentos mais usados são os psicofármacos, tomados contra o medo, a inquietação e a insônia. É notável também que justamente no tempo do Natal aumentam a solidão e o medo. Parece tratar-se do tempo em que o homem percebe de maneira especial que lhe faltam a alegria interior e a segurança em Deus. Durante quase todo o ano, muitas pessoas tentam criar para si um paraíso artificial, tomando comprimidos e realizando muitas atividades; elas tentam afastar o medo e a solidão. Mas justamente no tempo do Natal elas percebem que a fuga não dá certo e que o medo e o desespero as alcançam.

No entanto, o medo foi vencido através de Jesus Cristo e sua vinda ao mundo. E com Ele veio a alegria procedente de Deus. Ninguém precisa mais ser solitário. A mensagem do anjo por ocasião do anúncio do nascimento de Jesus em Belém é emoldurada por duas afirmações significativas, que têm Jesus por conteúdo: "Não temais" e "grande alegria". A respeito, lemos em Lucas 2.10: "O anjo, porém, lhes disse: Não temais: eis aqui vos trago boa nova de grande alegria, que o será para todo o povo". Sim, através da sua vinda, Jesus transformou o medo em alegria, e essa alegria está disponível para todos.

Deus é a fonte da alegria, na sua "presença há plenitude de alegria" (Sl 16.11; Is 12.3). Quem não conhece realmente a Deus, não imagina que alegria está deixando de ter. Jesus veio para nos trazer essa alegria, sim, Ele quer que sua própria alegria permaneça em nós e que nosso gozo seja completo (Jo 15.11). Um neurologista escreveu certa vez um livro intitulado: "Deixe seus nervos nas mãos de Deus." Jesus sabe do seu medo, Ele mesmo o venceu no Getsêmani e na cruz do Calvário.

O que falta a muitas pessoas é a fé para irem confiantemente a Jesus com todas as cargas, com todos os temores e pecados. Por isso, o Senhor exorta: "Até agora nada tendes pedido em meu nome; pedi, e recebereis, para que a vossa alegria seja completa" (Jo 16.24). Faça isso agora mesmo!

A vitória sobre o medo está no amor. Por amar a Deus, grandes cristãos do passado não temeram pela própria vida. O amor, expresso na prática da vida cristã, lança fora o medo (1 Jo 4.18). No que não estiver ao alcance do cristão, Deus o protegerá, individual e coletivamente (Sl 34.7; Lc 8.50;12.7). Amemos, pois, a Deus, acima de todas as coisas e ao próximo como a nós mesmos, e Ele nos guardará de todo o mal e de todo o temor.

Não temais, ó pequenino rebanho (Lc 12.32).

7

Como Livrar-se da Depressão

Por que estás abatida, ó minha alma, e por que te perturbas em mim? Espera em Deus, pois ainda o louvarei na salvação da sua presença (Sl 42.5).

"A depressão é um problema de saúde pública, e é considerado o mal do Século XXI, juntamente com a síndrome do pânico", afirma Sílvia Ivancko, psicoterapeuta e psicóloga do Instituto de Cancerologia de São Paulo.

Os números da depressão são mesmo alarmantes: embora não se tenha um cálculo exato, estima-se que cerca de 30% da população mundial sofra da doença, sem saber. "O maior problema com a depressão é o desconhecimento. O indivíduo deprimido está doente, sofre muito, mas sua falta de interesse pela vida costuma ser vista como preguiça ou falta de caráter", explica a psicóloga.

Quimicamente, a depressão é causada por um defeito nos neurotransmissores responsáveis pela produção de hormônios como a serotonina e endorfina, que nos dão a sensação de conforto, prazer e bem-estar.

Quando há algum problema nesses neurotransmissores, a pessoa começa a apresentar sintomas como desânimo, tristeza, autoflagelação, perda do interesse sexual, falta de energia para atividades simples.

A depressão é um estado emocional ao qual todos os seres humanos estão sujeitos. A média etária de suas primeiras manifestações baixou de 40 para 26 anos. Atualmente, até crianças e adolescentes estão fazendo uso de antidepressivos.

Em geral, em algum momento de suas vidas, uma em cada cinco pessoas experimentará pelo menos um episódio depressivo. Ela explica que, embora se trate de um distúrbio químico, a depressão sempre tem, em sua raiz, algum motivo psicológico. Assim, seu tratamento inclui, necessariamente, a psicoterapia. "O remédio ajuda muito, mas ele não é eterno. Se a causa primeira não for tratada, a depressão voltará".

Segundo a Organização Mundial de Saúde, a depressão será a segunda maior causa de incapacitação para o trabalho no ano de 2020.

Tristeza ou Depressão: Como Distinguir?

Segundo a Drª Sílvia Ivancko, de maneira geral, a depressão é a tristeza que não passa, e que muitas vezes parece não ter um motivo definido. "É perfeitamente natural que, em momentos de grande tristeza, as pessoas sintam um grande desânimo diante da vida. O problema é que, muitas vezes, a tristeza pela morte de alguém querido, pelo fim de um relacionamento, pela perda de um emprego, não passa. Normalmente, a tristeza é vencida depois de um período de luto, e a vida recomeça. Mas, quando ela não vai embora, pode estar encobrindo uma depressão. Se uma pessoa percebe que está com muita dificuldade para vencer o sofrimento, deve procurar auxílio médico o quanto antes".

É de fundamental importância entender a doença. "Ficar tentando descobrir se a depressão é desencadeada, primariamente, por motivos químicos ou psicológicos, é o mesmo que perguntar se o ovo veio antes da galinha. Na verdade, tanto a química cerebral altera nossas emoções quanto é alterada por elas", afirma a psicoterapeuta Sílvia Ivancko.

Ela também explica que existem dois tipos básicos de depressão: A reativa, isto é, aquela provocada por um grande sofrimento ou trauma, e a sistêmica ou crônica, isto é, aquela que surge, aparentemente, sem motivo. "Mas, em geral, mesmo que não seja óbvia nem aparente, há alguma causa psicológica na raiz de uma depressão. Muitas vezes, a pessoa nem lembra o motivo, mas, na terapia, acaba identificando a causa e encontrando o caminho da cura. Além disso, também é preciso reconhecer que as pessoas têm níveis diferentes de resistência ao sofrimento".

O entendimento de como as doenças se instalam no organismo ainda é, em certo sentido, um mistério para a ciência. E, no caso da depressão, esta questão é ainda mais difícil, pois trata-se de uma doença que está no limiar entre o físico e o mental.

Deprimido significa "pressionado para baixo", sem liberdade normal. Muitas pessoas não acreditam que um crente possa ficar deprimido, afirmando que isso é falta de fé. Todavia, a Bíblia faz menção de diversos servos de Deus que experimentaram crises de depressão: Moisés, Elias, Davi, Jeremias, Paulo e outros (1 Rs 19.4; Sl 42.4,5;143.3,4).

Elias impôs uma humilhante derrota aos sacerdotes de Baal, mas não recebeu nenhuma homenagem, nenhum troféu. Em vez disso, viu-se sozinho quando a rainha Jezabel decretou a sua morte. Em um curtíssimo espaço de tempo, a sensação de vitória tornou-se em amarga depressão. Elias era um fiel servo de Deus, mas isso não impediu de em certo momento achar-se profundamente deprimido. "Bendito seja o Deus e Pai de nosso Senhor Jesus Cristo, o Pai das misericórdias e o Deus de toda a consolação, que nos consola em toda a nossa tribulação..." (2 Co 1.3,4a)

As Causas da Depressão

Embora os sintomas da depressão variem muito, a psicóloga citada menciona alguns que são comuns a quase todas as pessoas que sofrem deste mal. Veja quais são:

1. *Distúrbios do sono.* A insônia está ligada diretamente à depressão. Embora nem todas as pessoas que sofram de insônia estejam deprimidas, a grande maioria dos deprimidos sofre de insônia, especialmente aquela em que de desperta durante a madrugada e não se consegue mais dormir. Outro tipo de insônia comum entre as pessoas que sofrem de depressão é aquela em que se dorme por longas horas, mas o sono não é reparador.

2. *Distúrbios alimentares.* A inapetência ou o excesso de apetite também podem estar ligados à depressão. Em geral, as pessoas que sofrem de anorexia e de bulimia, por exemplo, estão deprimidas.

3. *Melancolia*. O indivíduo deprimido está sempre triste e sem vontade de fazer coisa alguma. Em alguns casos, momentos de melancolia são intercalados por momentos de euforia. Os indivíduos que sofrem disso são os chamados "maníaco-depressivos".

4. *Autoflagelação*. Mesmo sem perceber, o indivíduo deprimido parece querer infligir sofrimento a si mesmo. É muito comum, também, que a depressão cause problemas ao sistema imunológico, e o indivíduo adoeça.

5. *Pensamentos mórbidos*. A pessoa deprimida pensa muito em morte — não necessariamente em suicídio. Precisamos ajudar as pessoas que possuem esses pensamentos, entretanto devemos cuidar para não incentivá-las em seu intento, e sim o fazermos no intuito de compreendê-las.

O relato bíblico contido no Primeiro Livro dos Reis, capítulo 19, versículos 1-10, elenca alguns fatores que podem nos levar à depressão.

Oposição. Quando Elias chegou em Jezreel e soube que Jezabel desejava matá-lo (1 Rs 19.1,2), essa ameaça causou no profeta uma seqüência de atitudes depressivas. Sempre que realizamos ou estamos prestes a realizar algo importante para Deus, logo enfrentamos o ataque do inimigo. Os ataques inesperados ou a oposição sistemática podem enfraquecer nossa confiança na proteção divina, levando-nos a desistir de lutar. "Tenho-vos dito isso, para que em mim tenhais paz; no mundo tereis aflições, mas tende bom ânimo; eu venci o mundo" (Jo 16.33; 1 Pe 5.8).

Frustração. "Não sou melhor do que meus pais" (1 Rs 19.4c). A sensação de que nosso trabalho é inútil nos deprime. Quando a vida perde o sabor, perde o sentido. Sempre que nos preocupamos de maneira excessiva com a nossa sobrevivência, quase sempre acabamos perdendo o interesse pela vida. Elias deu demonstração de motivação negativa: "Ele mesmo, porém, se foi ao deserto" (1 Rs 19.4); bem como de desinteresse pela vida: "...pediu para si a morte" (1 Rs 19.4).

Medo. Temendo os danos que nos possam causar os adversários, entramos em depressão. A expectativa de sermos perseguidos, ridicularizados, demitidos, caluniados ou literalmente mortos podem levar uma pessoa à depressão. Experiência do próprio profeta Elias de autopiedade (1 Rs 19.10).

Angústia. O vocábulo angústia significa "estreiteza", "brevidade", "grande aflição", "ansiedade acompanhada de opressão e tristeza". Muitas pessoas quando estão enfrentando um problema de difícil solução, quando sentem que o confronto parece inevitável, quando o inimigo parece bem mais forte, quando o tempo se esgota, quando já não sabem mais como fazer, sentem que a angústia toma conta de suas vidas e entram em crise (Jó 5.6,7; 14.1; Sl 13.5,6; 56.8-10; 57.6,7; 71.20-23). A angústia pode se manifestar quando se descobre que um filho é viciado em drogas, um marido desempregado, uma esposa gravemente enferma, o término de um namoro, a intriga de um vizinho, um casamento desfeito, etc (Lc 21.19; Rm 12.12; 2 Co 1.9).

Reações Naturais Diante da Depressão

Existem várias regras ensinadas pelos especialistas sobre a maneira mais correta para que a pessoa administre uma situação de conflito. Com base no exemplo do profeta Elias, citaremos as três reações naturais levada a efeito por esse homem de Deus.

1ª) Fugir

Se nos sentimos impotentes diante do inimigo, a primeira reação será a de nos afastar do perigo, fugir (1 Rs 19.3). Para alguns, a fuga é o sono, para outros o isolamento, para outros a bebida. Moisés, vendo-se incompreendido pelos israelitas e procurado pelo Faraó, fugiu para Midiã (Êx 2.15). Diante das adversidades, a reação natural é a fuga. É bem provável que você esteja enfrentando um problema difícil que está te atormentando tanto, que você tem procurado uma cisterna para se esconder (1 Sm 13.6). Todavia o Senhor tem um escape para você (Sl 91).

2ª) Esconder-se

Elias havia acabado de extirpar de Israel a idolatria dos 450 profetas de Baal e dos 400 profetas de Asera (1 Rs 18.19-40). Através de sua oração da fé, choveu sobre a terra, a qual sofria de uma seca sem precedentes pelo espaço de três anos e meio (1 Rs 18.41,42). Entretanto, se intimidou diante da ameaça de Jezabel, algo tão pequeno, em proporção aos desafios que tinha acabado de enfrentar (1 Rs 19.4,9). Se o inimigo nos persegue e não temos condição de enfrentá-lo, procuramos ficar fora do alcance dos olhos dele. Elias num momento era o centro das atenções e em outro se escondia atrás de uma árvore. Alguns escondem suas frustrações no trabalho, outros nos prazeres. Parece ser esta a história do homem desde o começo (Gn 3.10).

3ª) Desistir

Há os que se fecham em si mesmos, alheios à realidade ao seu redor. O abandono da comunhão com os irmãos pode ser um sintoma claro de depressão: "[...] deixou o seu moço" (1 Rs 19.3). A depressão afasta a pessoa dos irmãos e dos amigos. Basicamente desistem da vida (1 Rs 19.4). Há também os que põem fim à própria vida. Vede exemplo na vida de Aitofel, conselheiro de Davi que mais tarde conspirou com Absalão (2 Sm 17.23).

Enfrentando a Depressão

Foi-se o tempo em que a depressão (antes chamada simplesmente de "melancolia") era vista como condição inerente a alguns indivíduos. Hoje, embora muitos estudiosos pesquisem as causas genéticas e sociais da depressão, todos reconhecem que diz respeito a uma doença tratável, do ponto de vista científico.

De acordo com a psiquiatra norte-americana Elaine Shlmberg, autora de Depression: What Families Should Know (Depressão: O que as Famílias Devem Saber), um dos maiores empecilhos para o diagnóstico e o tratamento da depressão são as pessoas que pertencem à família do doente. Por ser muito doloroso reconhecer que uma pessoa querida está sofrendo verdadeiramente, a família costuma fazer vista grossa, culpando o deprimido ou aos seus amigos pelo desânimo, e tenta cobrar dele algo que ele não pode dar. O problema é que, ao fazer isso, na verdade, a família impede o doente de procurar a ajuda que, na maioria das vezes, estará fora da família.

A psicoterapeuta Sílvia Invancko explica que o aceitamento da depressão é um dos momentos mais difíceis do tratamento, tanto para o doente quanto para as pessoas que convivem com seu sofrimento. "Mas, sem tratamento, mesmo que o problema pareça ter passado, ele tende a voltar cada vez pior. É fundamental que se aceite a existência da doença e se assuma a responsabilidade por tratá-la de maneira adequada, mesmo que isso implique mudanças de comportamento por parte de todos os envolvidos".

A boa notícia é que o tratamento medicamentoso contra a depressão apresenta bons resultados, e muitas vezes ela sequer é necessária. E não é difícil buscar tratamento: "Todas as faculdades de psicologia e de medicina do Brasil oferecem atendimento gratuito e de qualidade para este e outros problemas". Sílvia também destaca que "essa história de que a depressão é doença de rico é mentira. Esta é uma doença que não escolhe idade, sexo ou posição social. Todos estão sujeitos, e muitos sofrem sem necessidade, simplesmente por não saberem que estão doentes".

As expressões "buraco", "fundo do poço", "fim do túnel", são utilizadas freqüentemente para se referir ao estado depressivo das pessoas. Encarar a depressão e vencê-la constitui-se num grande desafio.

Do ponto de vista bíblico, sabemos que Deus não nos planejou para a depressão ou desânimo, mas prometeu nos curar desses males através do poder terapêutico da sua Palavra (Sl 107.20; Hb 4.12; 2 Co 1.3,4; Is 40.8; 3 Jo 2).

Quando um cristão encontra-se depressivo, ele tem a sensação de que perdeu a alegria da salvação e que não sente mais a presença de Deus na sua vida. É necessário, porém, que os familiares, amigos e principalmente os irmãos em Cristo não apresentem soluções simplistas para o tratamento e cura da depressão, nem tão pouco culpem o deprimido de não ter fé em Deus.

A pessoa que está sofrendo de depressão precisa ser orientada, de preferência por um conselheiro espiritual, que a ajudará a tomar os seguintes passos:

Enfrentar a situação. "Vai, volta pelo teu caminho" (1 Rs 19.15a). O cristão é um guerreiro, conseqüentemente não pode fugir para sempre. Há ocasiões em que a melhor saída é fazer o caminho de volta: Retomar o cargo ou o ministério que abandonou. Isso em geral acontece quando desistimos de cumprir o chamado de Deus. Com Moisés e Elias foi assim. Moisés retornou ao Egito (Êx 3.10; 4.20).

Obedecer a Deus. O fato de Deus nos dar uma ordem difícil de ser cumprida significa uma coisa: Que Ele está conosco. O Senhor manda sair da caverna (1 Rs 19.11). Não há mistérios; quando Deus manda, basta sair. Jesus enviou os discípulos "como cordeiros ao meio de lobos" (Lc10.3), mas deu-lhes poder para que cumprissem a sua missão.

Ter força de vontade. A recuperação envolve também esforço humano (1 Sm 30.6). Davi, no Salmo 31.12a, relata seu estado de espírito quando diz: "[...] sou como um vaso quebrado". Um dos grandes sintomas da depressão é a pessoa se sentir completamente inútil. Elias não foi carregado. Recebeu ajuda sobrenatural, mas teve de fazer a sua parte (1 Rs 19.7,8; Dt 31.7; Js 1.9).

Entregar a vida e o futuro a Deus. O deprimido deve tirar o peso de angústia dos seus ombros e colocá-lo aos pés da cruz, crendo que o Senhor tomará o controle da sua vida (Sl 31.14,15). Saber que Deus nos ama e que Ele se importa conosco, nos ajuda a manter a firmeza da nossa fé, principalmente nas circunstâncias desagradáveis que nos cercam.

Crer no compromisso que Deus tem com os que o invocam. Por causa de sua infinita misericórdia, Deus nunca deixará de atender as pessoas que clamam por seu nome (Sl 31.16,17; Jr 1.12; 33.3).

Crer no livramento do Senhor. Deus é poderoso para nos livrar das tramas dos homens (Sl 31.19,20). Deus nos livra todos os dias das ciladas e das coisas que nem sabemos. Portanto, coloque sua confiança no Senhor.

Saindo da Depressão

Após o Senhor ter ouvido as queixas de Elias, Ele tinha uma palavra de cura para o profeta. Da mesma forma Deus tem uma palavra de cura para o seu coração. Foi o Salmista quem declarou: "A minha alma, de tristeza, verte lágrimas; fortalece-me segundo a tua palavra"(Sl 119.28). Deus providenciou todos os meios necessários para que Elias saísse do seu estado de depressão.

Restauração física. Deus mandou alimento e água para o profeta, através de um anjo. Em seguida, o Senhor lhe proporcionou um sono reparador (Mc 14.41). Após o descanso, recomendou a ele que fizesse uma revigorante caminhada (1 Rs 19.4-6).

O bem-estar físico de Elias era fundamental (Sl 103.14), por essa razão o Senhor tomou essas providências preliminares, indispensáveis para a reposição das proteínas, caso contrário a depressão continuaria.

Mudança de ambiente. Deus tirou Elias do deserto para Horebe (uma variante para o monte Sinai, o monte de Deus), localizado cerca de 320 km de Berseba (1 Rs 19.7,8). Elias precisava de novos ares, de um novo ambiente, para examinar a sua vida de um novo ponto de vista.

Um ambiente estressante e uma rotina rígida e desgastante são altamente prejudiciais para a saúde de uma pessoa. É bastante salutar que uma pessoa deprimida mude de ambiente, modifique sua rotina, trabalhe um pouco menos, tire um período de férias e passe um tempo a mais com sua família (Nm 10.33; Ec 2.21-26; Mc 14.41).

Bem-estar espiritual. O vento, o terremoto e o fogo eram uma demonstração do poder de Deus; a voz mansa e suave, por sua vez, dizia respeito ao grande amor de Deus (1 Rs 19.11,12).

Talvez uma caverna não seja o local mais adequado para Deus revelar-se a alguém, todavia, é nas situações mais adversas da nossa vida que o Senhor vem ao nosso encontro para nos tirar da depressão. O profeta saiu daquele lugar com uma nova visão acerca do seu Deus (1 Rs 19.13; Sl 23.4).

Ampliação do seu ministério. Um homem que tinha desistido de sua carreira, agora é surpreendido com uma missão muito mais ampla daquela que estava desenvolvendo. Além de Elias ungir reis e profetas, ele teria uma importante participação na história de Israel e de outras nações (1 Rs 19.15-17).

Ainda que você se encontre desanimado no momento, Deus conta com você para realizar a sua obra (Is 43.2)! Ainda não está na hora de cruzar os braços (2 Tm 4.17)! O Senhor dos Exércitos conta com você (Is 6.8-13; 2 Co 4.1,16;).

Muitas pessoas podem testificar que no decorrer dos anos, a aflição as levou a um lugar de oração sincera. Davi escreveu alguns de seus mais lindos salmos quando estava deprimido, desanimado da vida (Sl 143.3,4). Os Salmos 42 e 43, mostram que Davi caiu vítima de horríveis sentimentos de depressão por três vezes. Na primeira vez ele disse: "Por que estás abatida, ó minha alma? E por que te perturbas dentro de mim?" (42.11) A resposta brotou em sua alma: "Espera em Deus... o meu socorro, e o meu Deus".

Ele procedeu da mesma maneira na segunda vez quando foi acometido de uma nova onda de depressão.

Mais tarde, numa terceira ocasião, nos deparamos com suas palavras finais no Salmo 43: "Deus... o meu socorro". Essa esperança propiciou a cura para ele (2 Co 4.8; Rm 8.18). "Elias era homem semelhante a nós, sujeito aos mesmos sentimentos..." (Tg 5.17), sujeito, inclusive à depressão. Mas o Deus de Elias é o mesmo nosso. Ele concedeu vitória ao profeta, e certamente concederá a você também!

A depressão pode ser aliviada meditando pacientemente na Palavra de Deus e esperando que Ele atue na nossa vida. A Bíblia diz em Salmos 42:6 "Ó Deus meu, dentro de mim a minha alma está abatida; porquanto me lembrarei de ti desde a terra do Jordão, e desde o Hermom, desde o monte Mizar".

A oração é um aspecto essencial para lidar com a depressão. A Bíblia diz em 1 Samuel 1.10: "Ela [Ana], pois, com amargura de alma, orou ao Senhor, e chorou muito".

É bom dar graças ao Senhor pelas suas bênçãos. A Bíblia diz em Salmos 107.8,9 "Dêem graças ao Senhor pela sua benignidade, e pelas suas maravilhas para com os filhos dos homens! Pois ele satisfaz a alma sedenta, e enche de bens a alma faminta".

O louvor afugenta a depressão. A Bíblia diz em Salmos 34.1-3: "Bendirei ao Senhor em todo o tempo; o seu louvor estará continuamente na minha boca. No Senhor se gloria a minha alma; ouçam-no os mansos e se alegrem. Engrandecei ao Senhor comigo, e juntos exaltemos o seu nome".

A música cristã ajuda a dissipar a depressão. A Bíblia diz em Salmos 33.1-3: "Regozijai-vos no Senhor, vós justos, pois aos retos fica bem o louvor. Louvai ao Senhor com harpa, cantai-lhe louvores com saltério de dez cordas. Cantai-lhe um cântico novo; tocai bem e com júbilo".

Os sentimentos depressivos e de desânimo não duram para sempre. A Bíblia diz em Salmos 30.5: "O choro pode durar uma noite, mas a alegria vem pela manhã".

Observar a Lei de Deus traz paz aos que estão deprimidos. A Bíblia diz em Salmos 119.165: "Muita paz têm os que amam a tua lei, e não há nada que os faça tropeçar".

8

Fugindo das Garras do Consumismo

Não me dês nem a pobreza nem a riqueza; mantém-me do pão da minha porção acostumada (Pv 30.8).

Vivemos em uma sociedade onde as pessoas expressam suas identidades sociais através das roupas que vestem, lugares que freqüentam e coisas que possuem. Em meio a tanto individualismo, narcisismo e consumismo, está cada vez mais difícil conscientizar as pessoas de que ser é mais importante que ter.

A riqueza, a fama, o poder, os prazeres e o consumo desenfreado são ineficazes. Infelizmente, são muitas as pessoas que têm empenhado tudo o que possuem, inclusive a própria vida (Mt 16.26).

A palavra consumismo é um neologismo ainda não de todo assimilada pelos lexicólogos. Ela origina-se de consumo. Mas um consumo compulsivo, um gasto desmesurado, aplicando-se as riquezas na satisfação das necessidades pessoais. Consumismo, então, consiste no gasto descontrolado, quase doentio, a que estão sujeitos os indivíduos que se deixam engodar por uma sociedade voltada para a produção e a comercialização do que se produz, sob a intermediação de um instrumento que pode ser altamente nocivo chamado marketing.

A Palavra de Deus nos adverte sobre o gasto abusivo e desnecessário, o supérfluo e o desperdício (Pv 21.20; Is 55.2). As coisas que não podem satisfazer são as mesmas em qualquer época. São elas: As riquezas, a fama, o poder, o consolo e os prazeres. É em troca dessas coisas que as pessoas gastam tudo quanto ganham na vida.

Os Males do Consumismo

A sociedade em que vivemos já foi devidamente catalogada como sendo "sociedade de consumo". Essa sociedade de consumo nos escraviza por uma razão muito simples: Nossos olhos se deixam levar pela aparência e somos muito susceptíveis às novidades.

Se utilizamos um bem material para satisfação das necessidades econômicas próprias, e o fazemos descontroladamente, e se compramos para o gasto próprio de maneira abusiva e obcecada, então já fomos mordidos pelo agente transmissor dessa febre.

O Apelo Consumista nos Meios de Comunicação

Na televisão, no rádio, nas revistas, nas paredes, nos muros, nas janelas dos ônibus, no metrô: todos os espaços estão ocupados com apelos ao consumo. O calendário também — cada mês há um apelo comercial: Natal, carnaval, Páscoa, Dia das Mães, Dia dos namorados, Dia dos Pais, Dia da Criança etc. O consumismo exagerado nos faz negligenciar os valores espirituais (Pv 30.15).

Não se deixe influenciar pela massificação da mídia, não se deixe levar pelo consumismo (vales, adiantamento salarial, propaganda comercial, crédito fácil). Lembre-se desta advertência: *Crédito imediato é também dívida imediata!*

O Supérfluo em Detrimento do Essencial

Comida, roupa e moradia são coisas essenciais. O lazer, em certa medida, também. Supérfluo é tudo aquilo que não é necessário. Influenciado pela propaganda consumista às vezes sacrificamos itens para comprar um tênis de marca ou para satisfazer um mero capricho. "Por que gastais o dinheiro naquilo que não é pão? E o produto do vosso trabalho naquilo que não pode satisfazer? Ouvi-me atentamente e comei o que é bom, e a vossa alma se deleite com a gordura" (Is 55.2).

A Compulsão pelas Compras

Mais do que um hábito, a necessidade exagerada, a vontade incontrolável de comprar, pode ser sinal de uma doença conhecida como *oniomania* (Pv 1.13,19). Essa enfermidade é caracterizada como um transtorno de personalidade e mental, classificado dentro dos transtornos do impulso. Para o consumidor compulsivo, o que o excita é o ato de comprar e não o objeto comprado (Ec 5.10; Pv 15.27).

O resultado desse exagero verifica-se imediatamente no rombo financeiro, cartões de crédito e cheque especial *estourados,* além dos registros no S.P.C., Serasa, Cartório de Protestos e Ações na Justiça (Jr 17.11; 1 Tm 6.10). A *oniomania,* de acordo com pesquisa neuropsíquica recente, atinge mais as mulheres: Quatro para cada homem.

Como identificar o consumidor compulsivo: 1°) Não resiste ao impulso de comprar; 2°) Gasta mais do que ganha, mesmo que isso o prejudique financeiramente; 3°) Freqüentemente, pede dinheiro emprestado para amigos, familiares e até mesmo para pessoas não muito próximas; 4°) Precisa efetuar a compra de qualquer maneira, independente da necessidade do produto; 5°) Compra objetos que não usa ou usa muito pouco; 6°) Assume dívidas entre sete a dez vezes o valor da sua renda mensal. Leia os textos: Mt 6.20; 19.21; Lc 12.33; 1 Tm 6.19.

Comércio e Consumo no Ambiente Cristão

Comércio ou ministério?

Há uma eterna discussão quanto ao comércio na igreja. Produtos cristãos são uma necessidade: Bíblias, livros, cálices para a Ceia do Senhor, etc. Certo editor disse que a produção de livros é 100% ministério. Isso também se aplica às demais atividades que envolvem a produção e venda de produtos e serviços voltados para o povo de Deus.

Se nada há de errado em exercer tais atividades no mundo secular, por que o seria no ambiente cristão? Espiritualizar demais uma ocupação humana é perigoso, mas uma atividade exercida com princípios e propósitos cristãos é louvável. Cristo, os apóstolos e Paulo tinham profissão (Mc 6.3; Mt 4.18; At 18.13).

Mercantilismo na Igreja

Não podemos, todavia, ignorar esta realidade: Muitos exercem atividades entre o povo de Deus alegando um "100% de ministério" que não existe. Infelizmente tem aumentado o número de cantores evangélicos e pregadores itinerantes cuja vida particular está muito longe dos padrões de santidade que procuram demonstrar no púlpito (Cl 2.23; 3.22; 2 Tm 3.5). Graças a Deus por aqueles que têm se mantido fiéis ao seu chamado, sem manchar as suas vestes espirituais!

Alguns artistas decadentes estão buscando no promissor mercado evangélico a salvação de sua carreira. Entretanto, para muitos não há nenhuma evidência de genuína conversão e muito menos de frutos de arrependimento (Lc 3.8). Assim que voltam a ficar em evidência, retomam o velho caminho (2 Pe 2.20-22).

A atividade econômica no templo era lícita. A prática do câmbio de moedas e o fornecimento de animais para o sacrifício no tempo de Cristo era desenvolvida dentro do átrio dos gentios. Essa prática era uma conveniência para os judeus, porém, com o tempo formou-se um esquema de corrupção e exploração do povo (Mt 21.12,13; Lc 19.45,46).

Jesus condenou os abusos. Não era correto ocupar-se do recinto inteiro com extorsionários que roubavam o dinheiro dos peregrinos. O culto estava tornando-se apenas uma desculpa para o comércio fraudulento: A venda dos animais aceitáveis para o sacrifício se realizava a preços bastante elevados. As moedas estrangeiras não eram aceitas nas urnas (caixa de ofertas), por serem cunhadas com imagens do imperador (que era tido por um deus) ou de várias divindades (Mc 11.15-17; Jo 2.13-17).

O comércio discreto fora do santuário pode ser aceitável. O comércio no ambiente da igreja é inevitável e em muitos casos necessário, mas tudo deve ser conduzido com bom senso, tanto da parte do pastor quanto da parte dos que exercem tais atividades (Cl 3.17; Fp 4.8).

Provisão Divina das Necessidades Diárias

Pedindo a Deus a Provisão Diária por intermédio da Oração.

Em Provérbios 30.7,8, encontramos a oração de um homem piedoso chamado Agur. Ele queria ser resguardado da mentira e da falsidade, pois em sua vida pessoal desejava manter a sua integridade e a verdadeira espiritualidade. Por outro lado, ele desejava ter dinheiro suficiente para continuar a vida, mas não queria cair na armadilha que as riquezas trazem. Ele buscava uma vida moderada, equilibrada financeiramente, sem ter que passar por privações negativas da pobreza e sem os excessos das riquezas. "O pão da minha porção" se refere às nossas necessidades diárias.

Em Mateus 6.11, o pão simboliza todas as necessidades materiais. Em Mateus 6.24-34, Jesus explica a necessidade de depender de Deus para as necessidades básicas.

Deus nos Supre em todos os Momentos de nossa Vida

O apóstolo Paulo aprendeu a viver contente com o que possuía, na necessidade ou na abundância, conforme a vontade de Deus ditasse para cada período de sua vida. Ele sabia que em qualquer situação, podia contar com a presença e proteção divinas (Fp 4.11-13,19). Por isso podia afirmar: "Sei passar necessidade, e também sei ter abundância. Em toda maneira, e em todas as coisas aprendi tanto a ter fartura, como a ter fome, tanto a ter abundância, como a padecer necessidade" (Fp 4.12).

Encontramos, também, na Bíblia a exortação no sentido de seguirmos o exemplo deixado pelos servos de Deus, acreditando sempre em sua proteção: "Seja a vossa vida sem avareza, contentando-vos com o que tendes, pois ele mesmo disse: Não te deixarei, nem te desampararei" (Hb 13.5).

O Senhor alimentou o profeta Elias enviando corvos para lhe levar comida de manhã e à noite (1 Rs 17.2-6). Deus pode fazer isso agora, aí mesmo onde você se encontra. Confia nEle, pois "é o mesmo ontem, hoje e eternamente" (Hb 13.8). Vide também (1 Tm 6.17; Dt 8.18; Lc 12.15; Gn 12.1-3).

Como Fugir das Garras do Consumismo

Manter os interesses de consumo no que é essencial é a melhor maneira de fugir ao consumismo irresponsável (Mt 6.19-21). Se você deseja escapar deste mal chamado consumismo, experimente dar os seguintes passos:

Não gaste com o supérfluo e não desperdice. Em João 6.12 Jesus ordenou que os discípulos recolhessem os pedaços que sobraram para que nada se perdesse. Muitas vezes o orçamento não dá porque se gasta onde não deve, ou onde não pode (Pv 29.3; Is 55.2; Lc 15.13;). Economia não é sinônimo de "pão-durismo", mas sim de aproveitamento.

O cristão precisa estar atento quanto às formas avassaladoras com que o Diabo tenta seduzir-nos, dentro de sua estratégia de atrair a vista, despertar desejo, aninhar-se no coração, maquiar a razão e promover corrupção.

Economize, poupe e fuja das dívidas! Economize comprando onde é mais em conta. Economize água, luz telefone, combustível, etc. (Gn 41.35,36; Pv 21.20). Estabeleça um programa de poupança, por menor que seja a quantia. Não gaste mais do que aquilo que você ganha. Fuja das dívidas! Lembre-se: "Crédito imediato significa dívida imediata"! Quando você receber seu salário ore ao Senhor para que te dê sabedoria para administrar seu dinheiro (Pv 18.9; 21.20).

Invista no Reino de Deus. O dinheiro não é de Satanás, o dinheiro não é um mal (1 Tm 6.10), o dinheiro pode e deve ser uma bênção! O dinheiro na obra de missões, na evangelização, na impressão de Bíblias, na construção de creches, asilos, templos, na alimentação dos famintos é o maior dos investimentos que o cristão pode fazer (At 2.43-47; Lc 21.1-4). Não se esqueça de ser fiel nos dízimos e você verá a bênção de Deus sobre sua vida financeira (Ml 3.10,11).

De acordo com o pastor Josué Ebenézer de Sousa Soares, da Igreja Batista do Prado, Nova Friburgo, Rio de Janeiro, existem algumas verdades bíblicas que ajudarão a família a enfrentar a sociedade de consumo em que vivemos. São elas:

> 1ª) A família deve buscar as coisas que são de Deus prioritariamente – É isto que nos exorta Paulo com propriedade: "Portanto, se fostes ressuscitados com Cristo, buscai as coisas que são de cima, onde Cristo está assentado à destra de Deus" (Cl 3.1).
>
> 2ª) A família deve reconhecer que o necessário nunca lhe faltará – O salmista diz: "Nunca vi desamparado o justo, nem a sua descendência a mendigar o pão" (Sl 37.25). Nenhum crente sincero deve temer por sua vida.
>
> 3ª) A família deve ter consciência de que nada trouxe e nada levará deste mundo – Se "nada trouxemos para este mundo, e nada podemos levar dele" como afirma Paulo, viver obcecadamente querendo ficar rico, pode levar ao desvio de Deus e à ruína, se colocarmos o amor no dinheiro (1Tm 6.7-10).
>
> 4ª) A família deve contentar-se com as coisas simples – Paulo recomenda a vida simples: "Tendo, porém, sustento e com que nos vestir, estejamos contentes" (1Tm 6.8).
>
> 5ª) A família deve confiar em Deus, *Jeová-Jireh*. Com certeza, vivendo pela fé, como deve ser a vida do cristão, seremos assistidos

por Deus, em cada circunstância, pois Ele é um Deus provedor como descobriu Abraão no Monte Moriá (Gn 22.1-14).

A pobreza não é uma maldição (Dt 15.11; Mc 14.7). Ela pode ser conseqüência de fatores diversos, tais como, guerra, catástrofes (terremotos, incêndios, inundações, desabamentos, etc.) Pode resultar de vícios, alcoolismo, jogos de azar, má administração dos bens e recursos econômicos. A Palavra de Deus mostra outros motivos: o beberrão e o comilão cairão em pobreza (Pv 23.20,21); a pobreza é resultado da preguiça (Pv 24.33,34); Aqueles que amam os prazeres, também empobrecerá (Pv 21.17).

Deixe de comprar fiado o mais rápido possível. Abandone o hábito de viver pedindo emprestado! Liberte-se do mal do consumismo. Jesus quer libertá-lo das garras do consumismo. "E conhecereis a verdade, e a verdade vos libertará [...] Se, pois o Filho vos libertar, verdadeiramente sereis livres" (Jo 8.32,36).

Achei bastante interessante um texto que recebi de um amigo através de e-mail, sob o título *Não esqueça o principal!*, ainda que não fiquei sabendo quem é o seu autor:

> Conta a lenda, que certa vez uma mulher pobre com uma criança no colo, ao passar diante de uma caverna, escutou uma voz misteriosa que lá de dentro dizia: "Entre e apanhe tudo o que você desejar, mas não esqueça o principal. Lembre-se porém de uma coisa: Depois que você sair, a porta se fechará para sempre! Portanto, aproveite a oportunidade, mas não esqueça o principal..."
>
> A mulher entrou na caverna, e lá encontrou muitas riquezas. Fascinada pelo ouro e pelas jóias, pôs a criança no chão e começou a juntar ansiosamente tudo o que podia em seu avental.
>
> A voz misteriosa então, falou novamente: "Você só tem oito minutos".
>
> Esgotados os oito minutos, a mulher carregada de ouro e pedras preciosas, correu para fora da caverna e a porta se fechou...
>
> Lembrou-se então, que a criança ficara lá dentro e que a porta estava fechada para sempre!
>
> A riqueza durou pouco, e o desespero durou para toda a vida.
>
> O mesmo acontece às vezes conosco.Temos muitos anos para vivermos neste mundo e uma voz sempre nos adverte: "Não esqueça o principal!"

E o principal são os valores espirituais, a oração, a vigilância, a família, os amigos, a vida!

Mas a ganância, a riqueza, os prazeres materiais nos fascinam tanto que o principal vai ficando sempre de lado... Assim, esgotamos o nosso tempo aqui e deixamos de lado o essencial: "Os tesouros da alma". Que jamais esqueçamos que a vida neste mundo passa rápido, e que a morte pode chegar inesperadamente.

E quando a porta desta vida se fechar para nós, de nada valerão as lamentações.

Portanto, que jamais esqueçamos o principal!

9

Os Perigos da Ambição

Sede unânimes entre vós; não ambicioneis coisas altas, mas acomodai-vos às humildes; não sejais sábios em vós mesmos (Rm 12.16).

Ambição, do latim *ambitione*, significa desejo de riquezas, de poder, de glória ou de honras; aspiração, desejo veemente, pretensão, cobiça.

Ambição é a procura irracional e desordenada pelas riquezas, poder, glória e honras. É o mesmo que cobiça ou desejo veemente pela aquisição de bens materiais. Esse termo, conforme se encontra originalmente na Epístola de Paulo aos Romanos 12.16, significa *elevado*, *alto*. Também pode significar *arrogância* como nos textos de

1 Timóteo 6.17 e Romanos 11.20. Uma sociedade materialista exige que estejamos sempre prontos a adquirir mais (Hc 2.5,8,9). Muitas pessoas são assaltadas em suas mentes com esta mensagem: "Para ser feliz tenho que possuir tudo o que desejo".

Hamã é o típico servidor ambicioso, com insaciável sede de poder. Vemos com maus olhos indivíduos como ele, mas devemos cuidar para não cairmos no mesmo laço (Sl 131.1,2).

A Palavra de Deus é taxativamente contrária à sociedade materialista, a qual exige cada vez mais que as pessoas sejam ambiciosas, individualistas e almejem *coisas elevadas* (Sl 131.1; Hc 2.9).

Ambição no Mundo Secular

São três os principais elementos que envolvem a ambição humana.

Poder

Os que estão embriagados pelo poder sempre procuram manipular e manobrar as pessoas, a fim de dominá-las e mantê-las sob seu domínio. A sede de dominar tem sido a causa dos piores crimes da humanidade — Hitler, Saddam Hussein, etc. (2 Sm 15.1; 2.4; 1 Rs 1.5). Os que têm sede de poder, em geral pensam também em dinheiro e sexo (Lc 22.24-27).

Dinheiro

É praticamente impossível separar a sede de poder temporal do desejo de adquirir riquezas. O desejo de possuir, de apossar-se, de juntar riquezas e ficar rico está intimamente relacionado à obsessão de raízes profundas, no sentido de impressionar os outros e também da satisfação do "querer mais", "sempre mais". O "bastante" nunca é bastante (Pv 30.15). A sanguessuga é o modelo do egoísmo e da ganância de um indivíduo extremamente egoísta. Para esse tipo de pessoa, o ter é mais importante que o ser. Jamais alguém resistiu à cobiça sem que travasse uma luta ao mesmo tempo incansável e feroz (Pv 23.4,5; 28.20,22; 1 Tm 6.7-10; 17-19).

Sexo

O sexo fácil é uma grande motivação para quem tem sede de poder. Talvez o ponto mais vulnerável à tentação que o ser humano está sujeito seja a satisfação do prazer sensual. O adágio popular diz: "Se você se sentir bem... faça o que desejar". Vivemos numa sociedade erotizada. Os padrões da moralidade estão cada vez mais degenerados, pois o que se vê é o aumento assustador da pornografia (filmes imorais, na TV a cabo, aberta,

Internet, piadas sobre atos sexuais, linguagem obscena, homossexualismo, nudez, e tantas outras apelações – Veja Rm 1.21,22; 1 Ts 4.3-7).

Ambição na Igreja

Da mesma forma que a ambição no mundo secular envolve três elementos principais, infelizmente, na igreja não é diferente.

Poder

Muitos enxergam o ministério como forma de projeção pessoal. Buscam mais o poder temporal e o prestígio que o poder de Deus. Diótrefes é um desses maus exemplos (3 Jo 9).

O que não dizer da abominável competição no seio da igreja, bem como as lutas pelo poder, alicerçadas sobre as ambições pessoais (1 Co 3.3-23).

Os homens podem pregar eloqüentes sermões e obter vasto conhecimento a fim de se mostrarem ao outros, e não a fim de glorificar aquEle que os chamou. Podem construir templos majestosos para serem elogiados pelos homens ou para receberem maiores ofertas em dinheiro. Todavia estão enganados, pensando que são servos de Deus quando, na realidade, Ele não os conhece (Mt 6.22,23).

Veja a advertência do apóstolo Pedro aos que pastoreiam o rebanho de Deus (1 Pe 5.3).

Dinheiro

Há quem funde ou administre igrejas ou departamentos apenas visando ao lucro financeiro. Há também os que exercem atividades comerciais entre o povo de Deus sem, no entanto, ter qualquer afinidade com o evangelho (2 Pe 2.2,3). Entretanto, a Palavra de Deus, em João 10.12,13, fala daquele que não é pastor, mas mercenário. Mercenário é tradução do vocábulo grego que deu origem a idéia de salário. O Senhor Jesus se referia aqui aos sacerdotes profissionais, aos fariseus, aos escribas e aos saduceus, todos os quais serviam no templo e nas sinagogas a troco de dinheiro. O mercenário age em troca de qualquer vantagem material, não demonstrando nenhum interesse e nenhuma intenção honesta de fazer o bem para as ovelhas entregues aos seus cuidados.

Sexo

Muitos ministérios (não apenas pastorais) têm sido destruídos pelo adultério e pelo sexo fora do casamento. Em 2 Pedro 2.14, o apóstolo descreve cinco características dos falsos mestres (mercenários): 1) Têm olhos "cheios de adultério"; 2) Seu pecado é constante; 3) Engodam ou seduzem "as almas inconstantes"; 4) Esses falsos mestres têm "o coração exercitado na avareza"; 5) São "filhos da maldição" (Comentário Bíblico Pentecostal – CPAD).

Confira os seguintes textos bíblicos: Marcos 7.21-23; Atos 15.29 e 2 Pedro 2.12-15.

Como Vencer a Ambição

Para vencer a ambição, é necessário ter domínio nas seguintes áreas de nossa vida:

Dominar a Sede de Poder

No dia em que lavou os pés dos discípulos, Jesus enfatizou que a ânsia de grandeza (ambição) tinha sempre inquietado os discípulos (Mt 18.1-8; 20.20-27; Mc 9.3337; Lc 9.46-48; Jo 13.3-5,13-17). Jesus queria que eles percebessem que o desejo de ser o primeiro — ser maior e receber mais honra que outros crentes — é contrário ao espírito do seu Senhor (Lc 22.24-30 nota; 1 Pe 5.5 – *Bíblia de Estudo Pentecostal* – CPAD).

Dominar a Cobiça pelo Dinheiro

"No original, riqueza é mamom, termo aramaico que significa dinheiro ou outros bens terrenos valiosos. Jesus deixou bem claro que uma pessoa não pode ao mesmo tempo servir a Deus e às riquezas (Mt 6.24). Quanto à atitude correta em relação a bens e o seu usufruto, o crente tem a obrigação de ser fiel (Lc 16.11). Cada cristão deve examinar seu próprio coração e desejos: sou uma pessoa cobiçosa? Sou egoísta? Aflijo-me para ser rico? Tenho forte desejo de honrarias, prestígio, poder e posição, o que muitas vezes depende da posse de muita riqueza? Quem possui riquezas e bens não deve julgar-se rico em si, e sim administrador dos bens de Deus (Lc 12.31-48). Os tais devem ser generosos, prontos a ajudar o carente, e serem ricos em boas obras" (Ef 4.28; 1 Tm 6.17-19, *Bíblia de Estudo Pentecostal*, CPAD).

Dominar os Desejos Carnais

"Foge, também, dos desejos da mocidade; e segue a justiça, a fé, a caridade e a paz com os que, com um coração puro, invocam ao Senhor" (2 Tm 2.22).

"As pessoas sábias entendem que se afastar fisicamente da tentação pode ser a atitude mais corajosa a ser tomada. O jovem Timóteo foi advertido a fugir de qualquer coisa que pudesse produzir maus pensamentos. Você tem uma tentação recorrente à qual é difícil resistir? Afaste-se fisicamente de qualquer situação que estimule seu desejo de pecar. Na batalha espiritual, saber quando fugir é tão importante quanto saber quando e como lutar" (1 Tm 6.11, *Bíblia de Estudo Aplicação Pessoal*, CPAD).

O Contentamento Cristão

A Bíblia Sagrada ordena aos cristãos que vivam contentes. "E, de fato, é grande fonte de lucro a piedade com o contentamento [...] tendo, porém, alimento e vestuário, estaremos com isso contentes" (1 Tm 6.6,8). Ela ainda nos recomenda que devemos nos dar por satisfeitos. "Seja a vossa vida isenta de ganância, contentando-vos com o que tendes; porque ele mesmo disse: Não te deixarei, nem te desampararei" (Hb 13.5). Essa questão do contentar-se é sintetizada na Palavra de Deus da seguinte forma:

1. *Deus é o nosso provedor.* O crente deve contentar-se quando as suas necessidades mínimas são supridas, porque ele sabe que Deus é o provedor: *Jeová Jiré* (Fp 4.19).

Esse tipo de contentamento é primordialmente externo. Ele é marcado por falta de queixas, alegria e ausência de busca frenética de riquezas.

2. *Ausência de cobiça.* O crente deve ficar satisfeito com o suprimento de suas necessidades mínimas, porque não dá valor à acumulação de riquezas (1 Tm 6.9,10). O contentar-se é o mesmo que a falta de cobiça, que significa forte desejo das coisas que importam menos do que os

assuntos eternos (1 Tm 6.7). Concluiu-se, portanto, que o contentar-se é uma questão de escolha de cada cristão.

3. *Disposição de suportar a privação*. O crente deve se sentir satisfeito para realizar a obra do Senhor neste mundo. Para tanto, ele é encorajado a contentar-se com o que tem.

Haverá situações em que certas necessidades podem não ser satisfeitas. Todavia, o servo de Deus está disposto a sofrer privação, se necessário for, para realizar os propósitos mais elevados de Deus. Pelo menos, esse é o entendimento do apóstolo Paulo (Fp 4.11,12).

Podemos concluir que o contentar-se não significa uma submissão à pobreza, muito menos é sinônimo de penúria. O contentar-se não deve ser usado como desculpa para a preguiça e para a inatividade; pelo contrário, a Bíblia em parte alguma ensina que o homem não deve lutar para melhorar de vida.

Privação não significa, também, resignação estóica, ou seja, não significa que o crente deve ficar indiferente em face das circunstâncias, como uma forma de resignação de um estoicismo pagão, como se a vida cristã fosse de autonegação, como se as necessidade humanas fossem imprórias e ímpias. Paulo condenou claramente o ascetismo em Colossenses 2.20-23. "Davi soube manter sua ambição sob controle. Embora fosse famoso, bem sucedido e muito amado, soube colocar Deus em primeiro lugar em sua vida e serviu ao povo de acordo com os propósitos divinos. Será que você está à procura da grandeza que vem do Senhor ou das pessoas? Em seu esforço pelo sucesso, lembre-se de manter sua ambição sob o controle de Deus" (2 Sm 5.10-12 - *Bíblia de Estudo Aplicação Pessoal*, CPAD).

O crente fiel a Deus não ambiciona as coisas elevadas deste mundo, mas entrega-se a Ele confiando que é poderoso para suprir todas as suas necessidade, quer nas áreas social e financeira, quer na espiritual. O que um filho de Deus realmente aspira, é a presença do Senhor (Sl 42.1), seus dons (1 Co 14.1) e seu Reino (Mt 6.33), pois está certo que as demais coisas lhe serão acrescentadas.

10

CRISTO, A PERFEITA PAZ

Deixo-vos a paz, a minha paz vos dou; não vo-la dou como o mundo a dá (Jo 14.27).

Paz significa "estar unido com", bem como "terminar com a hostilidade". A essência da paz é dupla: Causar uma interrupção da separação e uma interrupção da rivalidade. A palavra paz, no hebraico é *"shalom"*, que significa *harmonia, plenitude, firmeza, bem estar e êxito em todas as áreas da vida*. No grego, paz significa "unir" ou "colar" alguma coisa que está quebrada. No sentido usual e popular quer dizer tranqüilidade, sossego, harmonia ou, simplesmente, "ausência de guerra".

O pecado, o medo, a incerteza, a indecisão e outros problemas travam uma contínua guerra contra nós (Rm 8.6). Neste mundo de discórdia, de hostilidade, violência e perturbações de toda ordem, o crente fiel pode desfrutar da plena paz de Cristo que se move em seus corações, bloqueando todas essas influências hostis (Is 26.3; Rm 14.17). Portanto, é perfeitamente possível viver em paz neste mundo sem paz, pois Jesus a oferece a nós e nos conforta nesta vida de conflitos, pois Ele é o Príncipe da Paz (Is 9.6,7; Jo 16.33; 2 Ts 3.16; Ef 2.14).

O Mundo Tem Sede de Paz

Em razão dos grandes conflitos que têm assolado a humanidade no curso de sua história, o ser humano tem sofrido com as graves conseqüência da falta de paz. O mundo, por sua vez, tem procurado apresentar um tipo de paz, que na verdade, trata-se de uma falsa paz. Analisemos a espécie de paz que o mundo nos dá.

Paz negociada. O ser humano tenta alcançar a paz por esforço próprio (Dt 29.19; Jr 6.14; Is 48.22; 57.21). Daí as conferências de cúpula, os tratados de paz. Na verdade, não passam de tréguas negociadas (1 Rs 20.34).

Os ímpios não conhecem o caminho da paz (Is 59.8). Os passos dos ímpios nunca os conduzem à paz (Is 57.19); eles vivem para causar contendas; suas passadas são sempre tortuosas; eles nunca praticam a justiça em seus caminhos; aqueles que os seguem só podem perder através dessa associação (Rm 3.16,17; Is 48.22; 57.20,21). Parte da condição de Deus para a conquista da Terra Prometida era que as nações pagãs fossem destruídas (Dt 7.2). As alianças estrangeiras, assim como os casamentos mistos faziam Israel se desviar de sua dependência de Javé (1 Rs 20.42).

Paz mantida pela força. A paz mundana, normalmente definida como ausência de conflitos, geralmente é obtida através da força. Vivemos hoje, num mundo dominado pelo medo. As nações se apressam para desenvolver e aumentar seu poderio bélico e atômico, bem como com as táticas de defesa cada dia mais adiantadas (Is 20.7). O mundo hodierno vive sob tensão, temendo uma verdadeira hecatombe, ou seja, a sua destruição (Is 28.22; 1 Ts 5.3). Rui Barbosa assim se expressou sobre a paz obtida pela força: "A força não constrói, não une, não pacifica. Os grandes exércitos e os grandes armamentos são o infortúnio e o desassossego dos países militares. Onde as instituições civis não logram estabelecer a paz, mediante a justiça, as armas só estabelecem a paz da servidão".

Em Zacarias 4.6, está escrito: "Não por força, nem por violência, mas pelo meu Espírito, diz o Senhor dos Exércitos". Na presente referência bíblica, nota-se a informação de Deus a Zorobabel, governador de Judá, que a tarefa a ser realizada não seria cumprida através da força de um exército, nem através do poder muscular ou da energia física dos trabalhadores, mas ela seria cumprida pelo poder do Espírito de Deus (Os 1.7).

Paz sem segurança. Nenhum esforço humano pode garantir a paz. "Quando disserem: Há paz e segurança, então, lhes sobrevirá repentina destruição, como as dores de parto àquela que está grávida; e de modo nenhum escaparão" (1 Ts 5.3). O apóstolo Paulo refere-se às pregações e mensagens que têm como objetivo agradar pessoas, dizendo: "Paz, paz; quando não há paz" (Jr 6.13; 8.11; Ez 13.8-16; Mq 3.5). Essas passagens bíblicas falam da atividade de falsos profetas que asseguravam o povo que nada tinha a temer a despeito da podridão moral que caracterizava a sociedade de seu tempo.Todavia, louvamos a Deus pela importância dos pacificadores que Ele tem levantado ao longo do tempo. Ser apenas contra a guerra não é suficiente. Mesmo aqueles que justificam o armamentismo, acabam por deplorar a guerra. Entretanto, aqueles que têm em si mesmos a sabedoria do alto, uma vez enxertada pela Palavra de Deus (Tg 1.21), não são apenas "amantes da paz", mas também "pacificadores" (Tg 1.17,18). A guerra é o maior inimigo da fraternidade humana que precisa ser enfrentada e vencida (Sl 46.9-11). Oremos para que o Senhor dos Exércitos continue levantando mais pacificadores nestes dias difíceis e trabalhosos.

A paz exige persistência. É uma conquista que deve ser desejada por todos nós. "Bem-aventurados os pacificadores, porque eles verão a Deus" (Mt 5.9). "Porque quem quer amar a vida e ver os dias bons, refreie a sua língua do mal, e os seus lábios não falem engano; aparte-se do mal e faça o bem; busque a paz e siga-a" (1 Pe 3.10,11). Para tanto, devemos estar prontos a pagar o seu preço (Cl 3.12,13).

A verdadeira paz, aquela que proporciona segurança é matéria de fé, de ação, de combate e de propaganda persistente e corajosa: "Portanto, tornai a levantar as mãos cansadas e os joelhos desconjuntados, e fazei veredas direitas para os vossos pés, para que o que manqueja se não desvie inteiramente, antes, seja sarado. Segui a paz com todos e a santificação, sem a qual ninguém verá o Senhor" (Hb 12.12-14).

A Paz de Cristo

O pecado o medo, a incerteza, a indecisão e outros problemas travam uma contínua guerra contra nós. A paz que Cristo nos oferece se move em nossos corações e bloqueia essas influências maléficas, concedendo-nos conforto em lugar de conflito. O Senhor Jesus nos dá essa paz se quisermos aceitá-la. "Deixo-vos a paz, a minha paz vos dou; não vo-la dou como o mundo a dá. Não se turbe o vosso coração, nem se atemorize" (Jo 14.27).

Jesus Cristo nos proporciona paz interior. Aqueles que não experimentaram o novo relacionamento com Deus estão sujeitos à ira divina (Rm 1.18; 8.7,8). Uma pessoa iracunda não tem paz. Uma pessoa amargurada ou rancorosa não tem paz. Uma pessoa consumida pela luxúria não tem paz. Uma pessoa vingativa não tem paz. Uma pessoa consumida pela inveja ou pela cobiça não tem paz. Uma pessoa ciumenta não tem paz.

Satanás procura nos convencer que podemos abrigar pensamentos e atitudes pecaminosas, e ainda ter paz. Todavia, em Salmos 34.14 encontramos um duplo conselho: "Aparta-te do mal e faze o bem; procura a paz e segue-a". A despeito das circunstâncias que envolvem o mundo, o cristão tem paz interior, porque desfruta da paz com Deus. "E a paz de Deus, que excede todo o entendimento, guardará os vossos corações e os vossos sentimentos em Cristo Jesus" (Fp 4.7). A paz de Deus é diferente da paz do mundo, como já vimos em João 14.27. A verdadeira paz não se encontra no pensamento positivo, na ausência de conflitos ou nos bons sentimentos. Ela vem da certeza que devemos ter que Deus está no controle de todas as coisas. Portanto, permita que a paz de Deus proteja o seu coração.

Veja como é lindo este versículo da Bíblia: "Sendo, pois, justificados pela fé, temos paz com Deus por nosso Senhor Jesus Cristo"! (Rm 5.1). Gozamos da paz por estarmos reconciliados com Deus, mas pelo fato de estarmos neste mundo, enfrentamos os problemas cotidianos, que muitas vezes nos ajudam a crescer.

A palavra paz é muito mais do que ausência de conflito; é uma realidade objetiva que traz harmonia para a vida. O relacionamento entre o Criador e a criatura é restaurado por meio da fé em Cristo, dissolvente de toda inimizade (Ef 2.11-19). A paz que Cristo nos dá é abrangente. Esse relacionamento com Deus tem como resultado a verdadeira paz interior (Fp 4.8,9). Essa paz interior molda o nosso caráter, proporcionando-nos a sensação de integridade e bem-estar, que nos livra da ansiedade e nos deixa em paz com a nossa alma (Sl 4.8; 119.165). A paz que o Senhor nos concede pode ser verificada nos nossos relacionamentos tanto dentro do lar (Pv 17.1; 1 Co 7.15) quanto fora dele (Rm 12.18; Hb 12.14; 1 Pe 3.11).

Na batalha espiritual, a Igreja constitui-se numa Força de Paz, pois ela proclama o evangelho da paz. Como verdadeiros soldados de Cristo, temos ao nosso dispor a armadura de Deus (Ef 6.10-18), para ficarmos "firmes contra as ciladas do diabo", o arquiinimigo de Deus e dos homens. Essa metáfora militar utilizada pelo apóstolo Paulo baseia-se na armadura e roupa de batalha usada pelo soldado romano no Século I. Cada peça dessa armadura deve ser usada para que estejamos capacitados a enfrentar as tentações e as ciladas do maligno. Dentre elas, destacamos a terceira (Ef 6.15) que diz: "Calçados os vossos pés na preparação do evangelho da paz". Calçados adequados permitem-nos irmos de um lugar para outro com segurança.

A missão do soldado de Cristo consiste em levar aos outros o evangelho da paz e da reconciliação. A visão dessa missão deve estar bem clara na mente de cada cristão, pois ela será responsável para levá-lo à direção correta (Mt 28.19,20).

O crente tem o dever de promover a paz. Em Rm 14.17b, o apóstolo Paulo passa a definir o Reino de Deus como justiça, e paz, e alegria no Espírito Santo. A paz aqui referida é a paz com Deus (Rm 5.1.). Como membros da Igreja, que é o corpo espiritual de Cristo, temos que buscar ações que promovam a paz e a edificação de uns para com os outros (Rm 14.19). A paz é colocada em prática na Igreja "à medida que os membros vivam juntos em uma unidade que fortalece todos os crentes".

O cristão não é isento de aflições, mas a confiança em Cristo lhe proporciona paz continuamente (Rm 15.33; 2 Pe 3.10-14). Devido ao fato de algumas pessoas continuarem completamente opostas a nós, existem momentos em que todos os esforços em direção à paz fracassam. Contudo, o cristão deve ter a certeza de que não está errado quando a paz esmorecer (Rm 12.18). Ao citar as palavras registradas em João 16.33, Jesus deixou claro que não estamos livres de sofrer aflições. "Tenho-vos dito isso, para que em mim tenhais paz; no mundo tereis aflições, mas tende bom ânimo; eu venci o mundo". Jesus disse aos seus discípulos que tivessem coragem em situação de conflito, porque eles não estariam sozinhos (Mt 28.20). Graças a Deus que temos a presença de Cristo como nossa companhia. Com Ele a vitória é certa. É de fundamental importância que nos lembremos que somos mais que vencedores em Cristo Jesus (Rm 8.37). Dessa forma, podemos declarar que temos paz em Cristo nos tempos mais difíceis que tivermos que atravessar (Sl 23.4; Cl 3.15).

Como Obter a Paz de Deus

Para obter a paz de Deus neste mundo sem paz é necessário observar alguns procedimentos indispensáveis para isso. Mediante a reconciliação com o Senhor, mediante o conhecimento e controle do Senhor, confiando no Senhor de todo o coração e mediante a Palavra de Deus.

Embora o resultado da queda de Adão e Eva tenha sido a destruição da paz e do bem-estar da raça humana e dos demais seres criados, Deus planejou a restauração da paz. Por causa do caos a que foi reduzido o mundo, devido ao pecado do homem, e por causa do fato que a paz só vem como dom de Deus, a esperança messiânica fala sobre uma era de paz (Ag 2.7-9): Do advento do Príncipe da Paz (Is 9.6,7); do estabelecimento de um conserto de paz (Ez 34.25; 37.26); da predição do nascimento do Messias como sendo Ele a nossa paz (Mq 5.5).

O Novo Testamento exibe o cumprimento dessa esperança. Em Cristo a paz chegou (Lc 1.79; 2.14,29). Por Ele a paz é proporcionada (Mc 5.34; Jo 14.27; 16.33; Jo 20.19,21, 26). Pela sua morte e ressurreição, Jesus desarmou os principados e potestades hostis, possibilitando a paz (Cl 1.20; 2.14,15; Is 53.4,5). Por essa razão é que quando uma pessoa crê em Jesus, é justificada mediante a fé e obtém paz com Deus (Rm 5.1).

Viver em paz deve ser uma filosofia de vida. Viver em Cristo é viver em paz. A verdadeira paz encontra-se em um único lugar: Em Jesus Cristo (2 Co 13.11; Hb 12.14). Por conseguinte, essa paz deve ser vivida e proclamada. Como cristãos devemos proclamar as boas novas de paz aos perdidos (Lc 10.5; At 10.36; Is 52.7). Para experimentar essa paz é necessário, indispensável, que a pessoa esteja unida numa fé ativa.

O primeiro passo é crer no Senhor Jesus Cristo. Quando isso ocorre, a pessoa é justificada pela fé (Rm 3.21-28; 4.1-13; Gl 2.16) e, conseqüentemente, tem paz com Deus (Rm 5.1). O segundo passo é andar em obediência à Palavra de Deus, a fim de viver em paz (Lv 26.3,6). A Palavra de Deus declara que para os ímpios não há paz (Is 57.21; 59.8; Jr 6.14; 8.11; Ez 13.10,16). Devemos orar pedindo a paz (Sl 122.6,7; Jr 29.7; Fp 4.7); buscá-la e segui-la (Sl 34.14; Jr 29.7; 2 Tm 2.22; 1 Pe 3.11); deixar que ela governe o nosso coração (Cl 3.15). Devemos, também, nos esforçar para vivermos em paz com o próximo (Rm 12.18; 2 Co 13.11; 1 Ts 5.13; Hb 12.14).

O cristão não vê a paz da mesma forma que o ímpio. Ele a cultiva como um tesouro pessoal (Mt 5.44). Ela funciona na prática, enquanto o mundo tenta obtê-la sem sucesso (Is 26.3; 2 Ts 3.16). "Como cristãos, devemos esperar contínua tensão em um mundo incrédulo que está fora de sintonia com Cristo, com o Evangelho e com o seu povo. Ao mesmo tempo, podemos esperar que nosso relacionamento com Cristo produza paz e conforto, porque estamos sintonizados com Ele" (*Bíblia de Estudo Aplicação Pessoal* - CPAD).

Meu desejo sincero é que você, estimado leitor, seja abençoado por Deus e receba a sua paz neste momento. Sugiro que você feche seus olhos (se isso for possível) e ouça a voz do Senhor no íntimo de seu coração: "O Senhor te abençoe e te guarde; o Senhor faça resplandecer o seu rosto sobre ti e tenha misericórdia de ti; o Senhor sobre ti levante o seu rosto e te dê a paz" (Nm 6.24-26).

11

Cuidando do Corpo com Moderação

Ou não sabeis que o nosso corpo é o templo do Espírito Santo, que habita em vós, proveniente de Deus, e que não sois de vós mesmos? (1 Co 6.19)

No Novo Testamento, a palavra grega *soma* significa "corpo", e é mencionada cento e trinta vezes, de Mateus 5.29 a Apocalipse 18.13. Já o termo *ptoma*, que significa "cadáver", é usado sete vezes (Mt 14.12; 24.28; Mc 6.29; 15.45; Ap 11.8,9). Em alguns textos o termo corpo é contrastado com a alma (Mq 6.7; Mt 10.28).

O corpo físico é o instrumento ou veículo da vida da alma neste mundo (Dt 12.23; Is 53.12; 2 Co 5.10). Pode indicar a personalidade inteira (Fp 1.20; Rm 12.1). Como servos de Deus, temos a obrigação de cuidar muito bem do nosso corpo, pois ele é o templo do Espírito Santo. E, além disso, é desejo do Pai que desfrutemos de boa saúde física, mental e espiritual. O que não podemos concordar é com os exageros cometidos pela sociedade pós-moderna que cultua o corpo em busca de um ideal de beleza imposto pela mídia.

"E o mesmo Deus de paz vos santifique em tudo; e todo o vosso espírito, e alma, e corpo seja plenamente conservados irrepreensíveis para a vinda de nosso Senhor Jesus Cristo" (1 Ts 5.23). O termo "irrepreensível" significa extremo cuidado.

O Corpo, Templo do Espírito Santo

O corpo é o templo do Espírito Santo (1 Co 6.19), por isso também participa de nosso compromisso espiritual (1 Co 6.13). Para os gregos do século I, o corpo era de importância secundária; o que realmente importava era a alma. Com uma filosofia libertina sobre sexo e rodeados por prostitutas do templo, o assunto da fornicação estava destinado a aparecer.

Os gnósticos ensinavam que a matéria era má, portanto, não importava o que o cristão fizesse com o seu corpo. Mas o ensino bíblico é diferente: "Todo o vosso espírito, e alma, e corpo sejam plenamente conservados irrepreensíveis para a vinda de nosso Senhor Jesus Cristo" (1 Ts 5.23). É bem provável que alguns membros da comunidade cristã continuavam a se prostituir, argumentando que não eram afetados por comportamentos que só envolviam o corpo (1 Co 5.9,10).

Muitas pessoas dizem que têm o direito de fazer o que querem com seu corpo. Embora pensem que isso seja liberdade, estão na realidade escravizadas por seus próprios desejos. Quando nos tornamos cristãos, o Espírito Santo passa a habitar em nós. Assim sendo, o nosso corpo não nos pertence mais.

O apóstolo Paulo, ao ensinar sobre essa questão, ressaltou que aquilo que os cristãos fazem com seu corpo, na intimidade, afeta o estado espiritual de sua alma. Este é particularmente o caso do pecado sexual. A atividade sexual fora do contexto do matrimônio viola a imagem que Deus tem estampada em nossa consciência e mesmo em nosso corpo, seja masculino seja feminino (Hb 13.4). Por essa razão, não devemos contaminar o santuário de Deus.

Cada crente é um santuário em que Deus habita, um templo do Espírito Santo, recebido no momento em que creu (Rm 8.15,16; Gl 4.6). Tal imoralidade não é apenas um pecado contra o corpo, mas um pecado contra o Espírito Santo que habita no corpo do crente (1 Co 6.19).

Cuidando do Corpo

O corpo humano, redimido por Deus e habitado pelo Espírito Santo, deve honrar a Cristo, seja o que for que venhamos a fazer, pois Ele está presente em nós (Rm 6.12-14). O crente fiel tem o dever de manter-se puro, moral e sexualmente. A pureza sexual é um dos aspectos mais importantes para se manter o casamento bem distante de atitudes que poluem, corroem, infectam ou destroem física, emocional e espiritualmente (Hb 13.4; 2 Tm 2.22; 2 Co 11.2).

A palavra puro, do grego *hagnos* ou *amiantos*, significa livre de toda mácula da lascívia. Esse termo refere-se à abstenção de todos os atos e pensamentos que incitam desejos incompatíveis com a vontade e a castidade ou com os votos matrimoniais da pessoa (1 Co 6.18; 5.9,10).

Os cristãos devem dar valor à santificação do sexo (1 Ts 4.3,4). Isso significa aprender a disciplina da espera, da solidão, da incerteza, da esperança, da confiança e do compromisso incondicional com Cristo, compromisso esse que requer total pureza, independentemente da paixão que possamos sentir (Fp 4.8).

Expor o corpo a excessos alimentares também indica descuido para com essa parte de nosso ser (Pv 25.27). A Palavra de Deus aborda com severidade a gula (Lc 21.34; 1 Pe 4.3; Fp 3.19; Nm 11.33,34; Sl 78.29-31). Gula ou glutonaria é a ingestão em excesso de alimentos e de bebidas e, também, um apetite voraz, quase incontrolável. O glutão colhia os frutos da gula: a preguiça e a pobreza (Pv 23.21), a vergonha dos outros (Pv 28.7) e a ele restava a pena de morte (Dt 21.20,21) .

A gula está bem presente no mundo moderno. Salomão prescreveu medidas drásticas para pessoas "dadas ao apetite", quando disse: "mete uma faca à tua garganta se és um homem glutão" (Pv 23.2), uma forma severa e rigorosa de lidar com um hábito indesejado ou com um problema de saúde. Daniel reconheceu que a comida e a bebida afetavam a nutrição e a saúde (Dn 1.8,12-16). Salomão fala sobre "manjares" enganosos, admoestando-nos a não desejá-los (Pv 23.3).

Cuidar do corpo evita os prejuízos para a saúde. O consumo exagerado de alimentos ricos em açúcar e em gordura suprime o equilíbrio nutricional trazido pelo leite, pelas frutas, pelos vegetais, pela carne e pelo pão, que contêm fibras e outros nutrientes bons para a saúde e para uma boa digestão (Sl 141.4; Dn 1.8-16; Rm 13.13,14; 1 Co 10.31).

Estejamos mais atentos quanto aos perigos dos vícios. O uso de fumo, bebidas alcoólicas e drogas promovem a destruição do corpo, por isso não condizem com a vida cristã. "Estando cheios de toda a iniqüidade, prostituição, malícia, avareza, maldade; cheios de inveja, homicídio, contenda, engano, malignidade" (Rm 1.29).

Os adjetivos "cheios" e "possuídos", citados no versículo anterior, indicam tratar-se de influência maligna, característica do paganismo. Diz respeito a algo contínuo, não praticado ocasionalmente. O vício não é apenas um mau hábito; é a necessidade de uma substância externa (drogas, álcool, comida) atividade (trabalho, compras), relacionamento doentio (isto é, com uma pessoa abusiva) ou de certos sentimentos ou circunstâncias (estar no controle, imobilidade de sentimentos). Os vícios massacram a dor emocional, oferecendo um escape da realidade. Os vícios transgridem a lei de Deus (1 Jo 3.4).

A Bíblia Sagrada fala sobre os geradores de vícios. Não fazer o que devemos constitui um vício (Tg 4.17). A falta de fé inspira os vícios (Rm 14.20-23). Os vícios se originam no coração do homem (Mt 15.19) e conduzem à morte espiritual (Rm 6.23).

A Palavra de Deus não se restringe a combater os vícios, mas também trata da libertação do viciado. O desejo do Senhor para um viciado é que ele não apenas enxergue a realidade e honestamente encare a si mesmo, aos outros e a Deus (Is 59.12), mas também que seja curado da dor que o impulsiona a buscar esse escape (Is 58.6). Além do tratamento espiritual, os exercícios físicos e uma alimentação saudável são essenciais no tratamento e recuperação do viciado.

Quanto à doença do alcoolismo, a Bíblia admoesta sobre as conseqüências da ingestão de bebidas fortes (Pv 20.1). A ingestão de bebidas alcoólicas está sendo muito romantizada e idealizada pelos mais jovens (Pv 23.31,32). Todavia, o impacto do consumo de álcool nas pessoas, famílias, empregadores e igrejas é devastador (Pv 23.29,30). A sociedade de hoje incentiva a ingestão de álcool em quase todas as ocasiões, prometendo momentos agradáveis, muitos amigos e grande sucesso.

O que ocorre com aqueles que continuam a beber durante algum tempo é exatamente o contrário: momentos ruins, cada vez menos amigos e deterioração física, além de outros males como depressão, relacionamentos familiares rompidos e dificuldades financeiras e legais (Pv 23.26-35; Is 28.7). Outrossim, aqueles que decidem servir a Cristo são exortados a não se embriagar "com vinho, em que há conteda" (Ef 5.18). Todo crente deve abster-se do vício do alcoolismo (2 Co 6.17,18; 7.1; 1 Co 3.16).

Culto ao Corpo

Cuidar do corpo físico (o templo do Espírito Santo), além de ser um dever de cada crente em particular, constitui-se num ato de bom senso (1 Co 9.27; Rm 8.13). Qualquer coisa que façamos que seja prejudicial ao corpo físico constitui uma ofensa ao Espírito Santo, que usa o nosso corpo como um lugar de sua habitação e expressão (1 Co 6.13ss).

Controlar o estresse, praticar exercícios físicos e manter uma dieta equilibrada são elementos essenciais para um total bom estado (Fp 4.6,7). Devemos nos esforçar para termos autocontrole em tudo o que fazemos (1 Co 9.25), especialmente em relação à comida (Mt 6.25) e ao uso de bebidas alcoólicas (Ef 5.18), não nos esquecendo de evitar a glutonaria (Pv 23.20).

Todo esse cuidado com o corpo deve ter como objetivo o bem-estar e disposição, sem se tornar narcisista ou obcecado. Jesus ensinou sobre a importância secundária do corpo (Mt 6.25-34). Todavia, o cuidado excessivo com o corpo pode levar a uma atitude extrema: o culto ao corpo. Uma das grandes ênfases deste século é justamente a sublimação do corpo. Fórmulas e tratamentos surgem todos os dias para manter o corpo jovem e atraente até a terceira idade.

Se quisermos ter uma idéia mais clara de que as pessoas amam realmente aos seus corpos, basta visitarmos uma academia de ginástica. Existem espelhos por toda a parte. Na frente deles, encontramos homens e mulheres admirando seus corpos, amando a si mesmos. Em nossa sociedade, dá-se muita ênfase à aptidão física, mas a saúde espiritual é muito mais importante (1 Tm 4.8). Se por um lado o treinamento físico se reveste de algum valor, a piedade tem valor nesta vida e na vida eterna. Há pessoas — homens e mulheres — que gastam boa parte do que ganham com ginástica, musculação, tratamentos alternativos, cremes e períodos de internação em clínicas especializadas (Is 55.2).

É nosso dever cuidar bem do nosso corpo físico, mas como já dissemos, é preciso mais cuidado com o nosso espírito. O perigo da preocupação excessiva com o físico é a negligência para com o espiritual, o que determina a perda da alma (Mc 8.36,37). Além disso, o corpo físico deve ser usado para o Senhor, por ser expressão ou instrumento do Espírito (1 Co 6.13; Rm 6.13; Rm 12.1; 1 Ts 5.23). Os três elementos — espírito, alma e corpo — devem ser igualmente preservados (1 Tm 4.8; 1 Pe 1.22).

Penso ser oportuno brindar os queridos leitores com a sugestão da "Ginástica para o Espírito", de autor desconhecido.

Ginástica para o espírito

Nota: Esta ginástica pode ser praticada por pessoas de qualquer idade, não havendo contra-indicação. Praticada regularmente, produz resultados maravilhosos.

1. Ginástica para os nervos: entregar todas as preocupações e tristezas e confiar nele.
2. Ginástica respiratória: respirar apenas atmosfera de paz, de amor e de felicidade.
3. Ginástica auditiva: escutar a voz de Deus.
4. Ginástica mental: exercitar-se exclusivamente com idéias construtivas.
5. Ginástica para a língua: pronunciar apenas palavras edificantes e caritativas.
6. Dinástica facial: sorrir, sorrir, sorrir o dia todo.
7. Ginástica para as pernas: andar sem temor pelos caminhos de Deus.
8. Ginástica para as mãos: distribuir o bem, o perdão e a justiça.
9. Ginástica para o coração: irradiar amor para com tudo e com todos.
10. Ginástica para a alma: viver sempre na presença de Deus.

O mais importante, porém, é que não devemos satisfazer nossos apetites egoístas e danosos e, sim, usar o nosso corpo para glorificar a Deus (1 Co 6.19,20). Estabeleçamos neste momento um princípio de direção em nossas vidas, perguntando a nós mesmos: Esta ação está glorificando a Deus? Como posso honrar a Deus com esta ação? "Portanto, quer comais, quer bebais ou façais outra qualquer coisa, fazei tudo para a glória de Deus" (1 Co 10.31). Deus o abençoe!

12

Drogas: Viva bem sem elas

E não vos embriagueis com vinho, em que há contenda, mas enchei-vos do Espírito (Ef 5.18).

A Bíblia tem sempre algo a dizer sobre todo e qualquer problema social. A Palavra de Deus fala com clareza a todos os viciados indistintamente (2 Co 6.17,18; 7.1). A Bíblia se refere a drogas em sua conexão com feitiçarias e magias. Em Gálatas 5.20, os cristãos são advertidos a não se deixarem envolver em atividades demoníacas. A tradução do termo "feitiçarias" ou "atividades demoníacas" origina-se da palavra grega *pharmakeia,* da qual obtemos a palavra farmácia (mais conhecida como drogaria).

O apóstolo Paulo enfatizou para os cristãos a importância de se evitar comportamentos controladores, viciosos (1 Co 6.12). O vício não é apenas um mau hábito, mas sim a necessidade de uma substância externa (drogas, álcool, comida), atividade (trabalho, compras), relacionamento doentio (isto é, com uma pessoa abusiva) ou de certos sentimentos ou circunstâncias (estar no controle, imobilidade de sentimentos). O vício é uma necessidade excessiva, dominadora, repetitiva e insistente.

Há diversos versículos na Bíblia que falam sobre o viciado e seus problemas (Jo 8.32; Tg 4.3; Am 5.14; Mt 7.7; Sl 9.10; Jr 29.13; Fp 4.13; etc.). Quando chega o momento em que o uso de drogas se torna uma das opções, estamos rodeados por mensagens conflitantes. O álcool, o cigarro e outras drogas não são saudáveis, e todos têm maus efeitos em curto e longo prazo. Os anúncios de bebidas alcoólicas não dizem nada sobre os efeitos negativos do uso desses produtos. Provavelmente, a pressão mais forte para o uso de drogas vem dos amigos e dos modelos de anúncios.

Dizer "não" às drogas é uma decisão pessoal que cada um deve tomar. Dizer "não" às drogas pode ser bastante difícil, porém o êxito da pessoa depende da confiança que tenha em seus próprios valores e principalmente na fé em Cristo Jesus, o único e suficiente libertador daqueles que são escravos dos vícios.

Princípio Bíblico sobre a Proibição do Uso de Drogas

> Quando, por exemplo, o apóstolo [Paulo] escreveu em Efésios 5.18: "Não vos embriagueis com vinho", estava consciente de que os cristãos não deveriam embriagar-se com a bebida. Essa declaração, todavia, tem implicações que vão além do texto. Paulo tratou de um princípio: não se embriagar com qualquer tipo de bebida — cerveja, uísque, rum, vodca, cachaça ou vinho.
>
> Se Paulo realmente proibiu as pessoas do nosso tempo de se embriagarem com bebidas alcoólicas, estaria ele também proibindo, em Efésios 5.18, o uso desnecessário e o abuso de narcóticos? É fato que outras declarações das Escrituras o proíbem, mas e esse versículo em particular? Se compreendemos o mandamento paulino como um princípio, então se depreende que essa passagem realmente adverte contra o uso de narcóticos. Se o princípio ou forma de significado pretendido por Paulo é algo como: "Não contamine seu corpo com substâncias como o vinho, que podem fazer com que você perca o controle de seus sentidos e inibições naturais", então o uso de narcóticos é igualmente proibido por esse versículo.
>
> (*Guia Básico para a Interpretação da Bíblia*, de Robert H. Stein, editado pela CPAD.)

Porque os Jovens e Adultos usam drogas?

Uma explicação plausível é que "o vício se apresenta como uma ilusória promessa de escape, por meio do qual esses indivíduos podem alcançar o mundo das sensações prazerosas, evitando, assim, o sofrimento" (1 Co 10.31; 6.20).

O pastor David Wilkerson, fundador do Centro Desafio Jovem de Nova Iorque, EUA, diz que há muitas razões por que os jovens usam drogas. Vejamos algumas delas: a) como símbolo de independência; b) para fugir à infelicidade no lar, a pais cruéis, a mães que vivem de sedativos; c) por curiosidade; d) para ser aceito num grupo de jovens mais "avançados"; e) por causa da influência do grupo; f) fuga de problemas no namoro, nos estudos, etc.; g) por medo de ser tachado como covarde por seus "amigos"; h) para auto afirmar-se; i) por falta de informação sobre o real perigo das drogas; j) para livrar-se da inibição.

O Diabo procura tragar principalmente a juventude, através de seus ardis (1 Pe 5.8). Os jovens devem dizer não às drogas. Devem dizer não a Satanás. É bastante oportuna a advertência do Pregador: "Lembra-te do teu Criador nos dias da tua mocidade, antes que venham os maus dias, e cheguem os anos dos quais venhas a dizer: Não tenho neles contentamento" (Ec 12.1).

Por que as Drogas são Condenáveis?

Porque são um pecado contra o corpo. Se a Bíblia já considera de pouco proveito o exercício corporal (1 Tm 4.8a), como não condenará o que deliberadamente prejudica o corpo e a mente? (1 Co 3.17). Existe pecado contra o corpo, como a prostituição (1 Co 6.18-20). "Muitas pessoas dizem que têm o direito de fazer o que quiserem com seu corpo. Embora pensem que isso seja liberdade, estão na realidade escravizadas por seus próprios desejos. Quando nos tornamos cristãos, o Espírito Santo passa a habitar em nós. Assim sendo, o nosso corpo não nos pertence mais. Por seu corpo pertencer a Deus, você não deve violar os padrões de vida estabelecidos pelo Senhor" (*Bíblia de Estudo Aplicação Pessoal*, CPAD).

Porque causam sofrimento ao usuário e ao próximo. O usuário é o maior prejudicado (Pv 5.22,23), mas os familiares sofrem com o drogado. Além da preocupação natural, a família será obrigada a gastos não previstos para tratamento. Há viciados que roubam dinheiro e objetos de casa para trocar por droga. Alguns viciados se tornam agressivos (Pv 23.26-35). Alguns deixam de trabalhar e de sustentar a família. Outros entram para o mundo do crime (Pv 20.1). Os nossos erros em geral afetam outras pessoas, como ocorre na igreja (1 Co 12.26).

Porque sustentam o mundo do crime. As drogas movimentam um gigantesco esquema de atividades ilícitas que envolvem desde o contrabando até formas cruéis de assassinatos, corrupção e abuso de poder (ex.: os traficantes de drogas em toda a parte do país). Provérbios 6.12-15 faz menção do "homem de Belial" como sendo uma pessoa malvada (1 Sm 30.22). A palavra origina-se de duas palavras hebraicas: *beli*, que significa "sem" e *ya'al* que significa "proveito", ou seja, homem de Belial significa "homem sem nenhum valor".

E quem sustenta tudo isso é quem compra a droga (2 Co 6.15-18). "E não comuniqueis com as obras infrutuosas das trevas, mas, antes, condenai-as" (Ef 5.11; Is 55.2).

Porque afastam o viciado de Deus. É incontestável o fato de que as drogas (assim como o álcool) afastam ainda mais o viciado do Senhor. Os bêbados não herdarão o Reino de Deus (1 Co 6.10). "Como o cão que torna ao seu vômito, assim é o insensato que reitera a sua estultícia" (Pv 26.11, ARA) — nas drogas. "Quanto ao perverso, as suas iniqüidades o prenderão, e com as cordas do seu pecado será detido" (Pv 5.22, ARA). "Por causa do seu orgulho, o ímpio não investiga; todas as suas cogitações são: Não há Deus" (Sl 10.4).

Recuperando o viciado em Drogas

Quando alguém que pertence a um lar cristão passa a usar drogas, o sofrimento da família é duplo, porque ela sabe que as drogas, além dos transtornos que lhe são próprios, afetam a vida espiritual (1 Co 12.26). Por isso deve pensar em duas coisas: *prevenção* e *tratamento*.

Prevenção

Todos já ouvimos em algum momento o adágio popular que diz: "É melhor prevenir do que remediar". Em primeiro lugar, devemos mostrar aos mais jovens, principalmente, o sofrimento e a situação de quem já enfrenta o problema, de forma direta ou indireta (Pv 4.14-17; 5.22,23).

Ensinar os princípios da Palavra de Deus é de fundamental importância, pois o jovem bem instruído nos caminhos do Senhor rejeitará o vício mais facilmente (Pv 3.1-8; 4.23-27). A obediência aos pais auxilia muito os filhos para que dêem bom testemunho da sua fé em Cristo. Muitos jovens cristãos caem nas drogas porque não têm bom exemplo de vida cristã dentro de casa (Pv 4.1-4,18-22).

Em Provérbios 23.29-35 observamos claramente a advertência da Palavra de Deus sobre o perigo das bebidas alcoólicas. A expressão "não olhes para o vinho" (v.31) está relacionada ao verbo "olhar" (hb. *ra'ah*), uma palavra comum que significa "ver, olhar, examinar" (cf. Gn 27.1). *Ra'ah* é também utilizada no sentido de "escolher", sugerindo que não devemos olhar com desejo para o vinho. A orientação de Deus é no sentido de que seu povo nem sequer pense em beber vinho. Nesse texto nada se diz sobre beber vinho com moderação. A comparação com a mordida da cobra no versículo 32, refere-se à picada da serpente que envenena sua vítima. Jesus no Calvário recusou vinho com mirra (Mc 15.23). Os efeitos do álcool, bem como das drogas, são demoníacos e destruidores (Pv 23.29,33,34,35).

Os vícios massacram a dor emocional, oferecendo um escape da realidade. Mas o desejo de Deus para o viciado é que o mesmo não apenas enxergue a realidade e honestamente encare a si mesmo, a outros e ao próprio Senhor (Is 59.12), mas também que seja curado da dor que o impulsiona a buscar esse escape.

Tratamento

Há pelo menos dois tipos de tratamento que devem ser utilizados na libertação de um viciado em drogas: o espiritual e o convencional. Quanto ao tratamento espiritual, não se pode curar o cristão que caiu na armadilha das drogas sem o cuidado com a sua vida espiritual. A Bíblia Sagrada faz um diagnóstico do problema, define a condição real do viciado, preparando-o e motivando-o para uma nova maneira de viver.

Na Palavra de Deus há diversas passagens que funcionam como um pronto socorro espiritual para o viciado: Salmo 31, principalmente os versículos 4, 9, 10 e 11; Salmos 7.13; 9.12; 10.4,6,11; 19.23; 34.4,6; 35.10; 44.15; 49.15; 50.15; 51.9; 55.18,23; 56.9, 10,11,13; 69.2,17; 71.1,20,23; 72.14; 73.24,26; 77.1,2; 86.7,15; 95.5; 108.12; 116.6,8; 118.6,8,17; 119.9,11,29,45; Provérbios 5.22; 6.18; 19.15; 26.11,12; 28.13; 29.1.

O tratamento convencional (médico e psicológico), na maioria dos casos é indispensável para a recuperação total do viciado, a fim de que o mesmo volte a levar uma vida normal. Em muitos casos, é necessário internar o viciado numa clínica médica ou num hospital para desintoxicação (Mt 9.12; Mc 2.17; Lc 5.31). Há muitas clínicas e entidades seculares que cuidam disso (Jr 8.22). É de bom alvitre procurar ajuda e tratamento em clínicas ou casas de recuperação existentes em diversos lugares do Brasil. São também muitas as igrejas que mantêm centros de recuperação de viciados (1 Co 12.28 — "socorros"; Rm 12.7,8 — "o que exercita misericórdia"). Se em sua cidade não houver nenhum, com certeza em seu Estado haverá.

Além dos dois tipos de tratamento acima descritos, existem outros cuidados a serem observados no trabalho da cura desse terrível mal. O viciado, mesmo depois de tratado e declarado são, tende a retornar ao vício (Pv 26.11; 2 Pe 2.22). Não são poucos os casos de "ex-viciados" que vêm para a igreja, casam-se com moças crentes e até são aceitos no quadro de obreiros, e tempos depois abandonam a família e a igreja para retornar às drogas. Alguns têm fim trágico (Mt 7.15-23; Pv 26.11).

"Quem poderá dizer: Purifiquei o meu coração, limpo estou de meu pecado!" (Pv 20.9). Ninguém, a não ser os redimidos que têm seu coração puro e livre dos vícios, das drogas, do pecado. Todas as pessoas que aceitarem o Senhor Jesus como Salvador e Senhor de suas vidas, pedindo perdão e purificação de seus pecados, serão limpos de mãos e puros de coração (Sl 24.3,4). Somente através da graça redentora de Deus é que alguém poderá viver uma vida sem vícios, sem drogas e "sem ofensa, tanto para com Deus como para com os homens" (At 24.16).

Se até agora você não tinha pedido a Deus ajuda para deixar de fumar, de beber, de usar tóxicos, confie nas palavras de Jesus e volta-se para Ele em sua aflição, pois o Senhor o ajudará com toda a certeza e irá libertá-lo completamente (Jo 16.24; Sl 37.5). Qualquer que seja o estágio em que você se encontra dominado por qualquer espécie de vício, e por mais confusa que sua vida esteja, "Deus quer transformar exatamente a fraqueza que um dia arruinou você na área em que você será mais útil para ajudar os outros. Sua fraqueza pode se tornar sua maior força, a fonte do maior serviço que Deus quer que você preste aos seus semelhantes" (John White, *O Eros Redimido*). Você pode ser restaurado pelo Senhor e poderá ajudar outras pessoas que se afundaram no lamaçal das drogas, testemunhando a elas como o salmista: "Tirou-me de um lago horrível, de um charco de lodo; pôs os meus pés sobre uma rocha, firmou os meus passos" (Sl 40.3).

Seja liberto agora, em nome de Jesus!

13

A Inversão de Valores

Sabendo primeiro isto: que nos últimos dias virão escarnecedores, andando segundo as suas próprias concupiscências (2 Pe 3.3).

A palavra valor origina-se do latim *velere* e significa "ser forte", "ser digno". Valores, no contexto de nossa abordagem, referem-se aos princípios éticos e sociais aceitos por uma pessoa ou grupo, isto é, ao comportamento humano, suas regras e padrões.

Atualmente, tem havido uma inversão desses valores: a ética e a moral cristãs, antes aprovadas pela sociedade, vêm sendo sistematicamente substituídas por princípios amorais mundanos (Is 5,18-25; Cl 2.8). A mídia bombardeia o povo diariamente com valores e conceitos distorcidos que contradizem os ensinamentos das Escrituras. "Ai dos que ao mal chamam bem e ao bem, mal! Que fazem da escuridade luz, e da luz, escuridade, e fazem do amargo doce, e do doce, amargo!" (Is 5.20). Conscientes ou não, os formadores de opinião (pessoas que exercem maior influência na maneira de pensar do cidadão comum) estão sempre tentando enfraquecer e anular os princípios eternos da Palavra de Deus (Is 5.21-24; Cl 2.8).

Na Segunda Epístola de Pedro 1.3-10, estão relacionados os princípios éticos, as virtudes e valores necessários à boa conduta que devem ser observadas pelos filhos de Deus.

Inversão dos Valores Bíblico-cristãos

Eis alguns termos e temas atuais que expressam essa inversão de valores:

Moral

Os dicionários definem "moral" vinculando a palavra a termos como "dignidade", "bons costumes", "boa conduta", "honestidade", "edificante", "práticas saudáveis", etc. (Fp 4.8).

A chamada "nova moralidade" compreende, na verdade, a distorção da moralidade. Vivemos dias em que a delinqüência é tratada como virtude, enquanto as virtudes são tratadas como algo ultrapassado.

São do embaixador Meira Pena as palavras sobre a moral nacional de nossa pátria: "O Brasil é o país onde uma estrela de cinema pornô é recebida no Congresso com honras de chefe de Estado. Onde diante da onda de crime, se critica a polícia e não os criminosos. Onde um assaltante estrangeiro se torna herói nacional. Onde se assinam cheques sem fundo (*O Evangelho segundo Marx*, p. 146).

Pecado

A palavra "pecado" nunca é utilizada no sentido bíblico, mas quase sempre em tom irônico (Ml 3.8). Muitas pessoas afirmam que o pecado não existe como um princípio ou poder na natureza humana. Outros afirmam que as más ações que eles cometem não são realmente pecado (1 Jo 1.8,10; 3.4). Essa heresia continua ainda hoje entre aqueles que negam a realidade do pecado e que interpretam a iniqüidade em termos de causas deterministas, psicológicas ou sociais (Rm 6.1; 7.9-11).

Conservador

Em geral, o conservador é tido como antiquado, alguém incapaz de se abrir a novas idéias (à inversão de valores?). A teologia liberal e correntes teológicas semelhantes em muito têm contribuído para o afastamento dos princípios cristãos (Êx 12.14; Sl 119.112).

Casamento homossexual

A instituição divina do casamento sempre foi atacada, sem dúvida por ser a base de qualquer sociedade temente a Deus. O Senhor instituiu o casamento heterossexual e monogâmico. Atualmente, um casamento que dura mais de cinco anos é motivo de admiração. Os casais de hoje, em sua maioria, não são casados de verdade ou vivem situação irregular (Hb 13.4).

O casamento homossexual está em alta. Infelizmente, existem certos "cristãos" desejando que suas igrejas mudem seus princípios para se adaptar aos "novos tempos". Deus abomina os relacionamentos homossexuais (Lv 18.22). Há um castigo de Deus para esse pecado (Lv 18.29). As práticas homossexuais são uma abominação (1 Rs 14.24). Quem pratica a homossexualidade não tem comunhão com Deus (Rm 1.18-27).

O jornal *Carta Aberta*, de dezembro de 2007, caderno 2, página 2, publicou uma matéria muito interessante sobre o assunto, intitulada "Pastores se Posicionam contra o Projeto da Homofobia", que passo a transcrever na íntegra:

> Um grupo de pastores de várias denominações organizou o Comitê Nacional Evangélico Pró-Vida e Pró-Ética, com a determinação de defender as prerrogativas constitucionais que garantem aos cidadãos brasileiros o direito à livre expressão de sua opinião e sua crença, ameaçadas pelo PLC-122/2006.
>
> Esse projeto garante a uma minoria expor publicamente, através de gestos e atitudes, a sua opção sexual, mesmo no recinto de igrejas, associações e outros lugares públicos, com sanção legal que inclui prisão se os dirigentes desses locais discordarem dessas manifestações explícitas.
>
> Seria a ditadura de uma minoria contra o pensamento e o comportamento da maioria cristã do povo brasileiro, baseados nos ensinamentos da Bíblia Sagrada e condizentes com a moral e a ética.
>
> O Comitê é dirigido por líderes evangélicos da expressão dos pastores Guilhermino Cunha, Sócrates Oliveira de Souza, Isaías Maciel, Abner Ferreira e outros. A seguir, o teor do documento enviado recentemente aos eminentes integrantes do Senado Federal, onde o PLC está tramitando:

AOS EXCELENTÍSSIMOS SENHORES SENADORES DA REPÚBLICA

O COMITÊ NACIONAL EVANGÉLICO PRÓ-VIDA E PRÓ-ÉTICA, na consecução de suas finalidades institucionais e defesa da vida e da ética,

CONSIDERANDO que a vida é um dom de Deus, seu autor e sustentador, o maior dom que Deus deu ao Homem, e que a ética é um princípio inegociável, que não pode ter fim;

CONSIDERANDO que o projeto que se usa chamar "HOMOFOBIA" é, no entender deste Comitê, altamente lesivo à família, à ética, aos bons costumes e ao decoro, eis que intimidades sexuais haveriam que ser privadas, dignas e que respeitassem as leis naturais, a higiene e a saúde dos envolvidos;

CONSIDERANDO que o COMITÊ NACIONAL EVANGÉLICO PRÓ-VIDA E PRÓ-ÉTICA existe, precipuamente, para dar apoio aos legisladores éticos e seriamente comprometidos com a vida, com a ética, com o ser humano em geral, colimando o bem-estar do povo e o progresso do Brasil, para a glória de Deus;

CONSIDERANDO que o Comitê vem mobilizando todos os evangélicos e a maioria moral silenciosa de nossa Pátria a se manifestarem contra a dissolução dos costumes, contra a corrupção, infelizmente ainda presente em muitos setores, mas também salvaguardando a liberdade de expressão, de ensino e de pregação da Bíblia como Palavra de Deus, da Moral, como bem impostergável, e da Ética, como fim maior dos anseios dos cidadãos;

E, FINALMENTE,

CONSIDERANDO que o PLC-122/2006 ulcera a Constituição da República, notadamente em seu artigo 5°, IV, V, VII e IX, disposições consideradas cláusulas pétreas, à luz do artigo 60 da mesma Carta Magna;

POSICIONA-SE francamente contra o atual texto da PLC-122/2006, protestando contra toda e qualquer restrição à pregação dos ensinamentos da Bíblia e das Sagradas Escrituras nos lares, nas Igrejas e nas escolas, defendendo intransigentemente a liberdade de ensino, de culto e de liturgia, ao comando dos artigo 5°, VIII e 19, I, II e III da Constituição Federal.

Ao sentir do Comitê, e a exemplo de Jesus que demonstrou amor e compaixão para a mulher adúltera, mas condenou o seu pecado — "vai, e não peques mais" — haveremos todos que ter compaixão com os "gays", lésbicas e transexuais, mas não se haveria de admitir como normal o que por eles é praticado, por agredir as leis naturais, os comandos religiosos da Bíblia e a função procriadora, essencial à sexualidade comum a todas as espécies, constituindo verdadeiramente uma ameaça à sobrevivência da espécie, o que haveria que ser destacado e defendido por todos aqueles que assim pensam.

ENCARECEM E APELAM ao Egrégio Senado Federal que destaque a eiva de insconstitucionalidade que exsurge da malfadada PLC-122/2006, com o trancamento da tramitação desta proposta tal como presentemente redigida, devolvendo-a à Digna Câmara dos Deputados, com as necessárias adequações ao regimento constitucional hodiernamente vigente, ex-vi do disposto no parágrafo único, do Artigo 65 da Constituição Federal. A fim de evitar futuras discussões judiciais acerca da matéria em todas, como disposto no Art. 52, inciso X da Constituição Federal; para que se produza tempestivamente proposta de projeto substitutivo, nos termos dos artigos 65 e 67 do mesmo diploma, com elaboração de texto que garante a integridade física dos optantes pela sexualidade "gay", lésbica ou transexual, mas sem ulcerar a Constituição ou cercear os direitos e as liberdades de expressão, de ensino, de culto e de liturgia essenciais da maioria do Povo Brasileiro; e sem criar o arriscado "crime de opinião", por pensar diferentemente das minorias "gays", lésbicas e transexuais. É o que pleiteamos. Rio de Janeiro, 12 de novembro de 2007.

O Projeto de Lei nº 5.003, de 27/08/2001, de autoria da Deputada Federal Iara Bernardi (PT/SP), foi proposto com vistas a alterar a Lei nº 7.716, de 05/01/1.989, que define os crimes resultantes de preconceito de raça ou de cor.

PROJETO DE LEI Nº 5.003-A, DE 2001

Determina sanções às práticas discriminatórias em razão da orientação sexual das pessoas.

(À Comissão de Constituição e Justiça e de Redação) O Congresso Nacional decreta:

Art. 1º A qualquer pessoa jurídica que por seus agentes, empregados, dirigentes, propaganda ou qualquer outro meio, promoverem, permitirem ou concorrerem para a discriminação de pessoas em virtude de sua orientação sexual serão aplicadas as sanções previstas nesta Lei, sem prejuízo de outras de natureza civil ou penal.

Art. 2º Para os efeitos desta Lei são atos de discriminação impor às pessoas, de qualquer orientação sexual, e em face desta, as seguintes situações:

I – constrangimento ou exposição ao ridículo;

II – proibição de ingresso ou permanência;

III – atendimento diferenciado ou selecionado;

IV – preterimento quando da ocupação de instalações em hotéis ou similares, ou a imposição de pagamento de mais de uma unidade;

V – preterimento em aluguel ou locação de qualquer natureza ou aquisição de imóveis para fins residenciais, comerciais ou de lazer;

VI – preterimento em exame, seleção ou entrevista para ingresso em emprego;

VII – preterimento em relação a outros consumidores que se encontrem em idêntica situação;

VIII – adoção de atos de coação, ameaça ou violência.

Art. 3º A infração aos preceitos desta Lei sujeitará o infrator às seguintes sanções:

I – inabilitação para contratos com órgãos da administração pública direta, indireta ou fundacional;

II – acesso a créditos concedidos pelo Poder Público e suas instituições financeiras, ou a programas de incentivo ao desenvolvimento por estes instituídos ou mantidos;

III – isenções, remissões, anistias ou quaisquer benefícios de natureza tributária.

Parágrafo único. Em qualquer caso, o prazo de inabilitação será de doze meses contados da data de aplicação da sanção.

Art. 4º O Poder Executivo regulamentará esta Lei no prazo de 90 (noventa) dias.

Art. 5º Esta lei entra em vigor na data da sua publicação.

Justificação

A sociedade brasileira tem avançado bastante. O direito e a legislação não podem ficar estagnados. E como legisladores, temos o dever de encontrar mecanismos que assegurem os direitos humanos, a dignidade e a cidadania das pessoas, independentemente da raça, cor, religião, opinião política, sexo ou da orientação sexual.

A orientação sexual é direito personalíssimo, atributo inerente e inegável à pessoa humana. E como direito fundamental, surge o prolongamento dos direitos da personalidade, como direitos imprescindíveis para a construção de uma sociedade que se quer livre, justa e igualitária. Não se trata aqui de defender o que é certo ou errado. Trata-se de respeitar as diferenças e assegurar a todos o direito de cidadania.

Temos como responsabilidade a elaboração de leis que levem em conta a diversidade da população brasileira. Nossa principal função como parlamentares é assegurar direitos, independentemente de nossas escolhas ou valores pessoais. Temos que discutir e assegurar direitos humanos sem hierarquizá-los. Homens, mulheres, portadores de deficiência, homossexuais, negros/negras, crianças e adolescentes são sujeitos sociais, portanto, sujeitos de direitos.

O que estamos propondo é fim da discriminação de pessoas que pagam impostos como todos nós. É a da garantia de que não serão molestados em seus direitos de cidadania. E para que prevaleça o art. 5º da nossa Constituição: "Todos são iguais perante a lei, sem distinção de qualquer natureza, garantindo-se aos brasileiros e aos estrangeiros residentes no país a inviolabilidade do direito à vida, à liberdade, à igualdade, à segurança e à propriedade".

A presente proposição caminha no sentido de colocar o Brasil num patamar contemporâneo de respeito aos direitos humanos e da cidadania. E é por esta razão que esperamos contar com o apoio das nobres e dos nobres colegas para a aprovação deste projeto de lei.

Sala das Sessões, 27 de agosto de 2001 — Deputada Iara Bernardi, PT/SP.

Decorridos mais de cinco anos, no dia 23 de novembro de 2006, a Câmara dos Deputados aprovou, em plenário, a redação final do Projeto de Lei n.º 5.003 (5003-B), de 2001, que trata dos chamados crimes de *homofobia*.

REDAÇÃO FINAL DO PROJETO DE LEI Nº 5.003-B, DE 2001

Altera a Lei nº 7.716, de 5 de janeiro de 1989, que define os crimes resultantes de preconceito de raça ou de cor, dá nova redação ao § 3º do art. 140 do Decreto-Lei nº 2.848, de 7 de dezembro de 1940 – Código Penal, e ao art. 5º da Consolidação das Leis do Trabalho, aprovada pelo Decreto-Lei nº 5.452, de 1º de maio de 1943, e dá outras providências.

O CONGRESSO NACIONAL decreta:

Art. 1° Esta Lei altera a Lei n° 7.716, de 5 de janeiro de 1989, o Decreto-Lei n° 2.848, de 7 de dezembro de 1940 – Código Penal, e a Consolidação das Leis do Trabalho, aprovada pelo Decreto-Lei n° 5.452, de 1° de maio de 1943, definindo os crimes resultantes de discriminação ou preconceito de gênero, sexo, orientação sexual e identidade de gênero.

Art. 2° A ementa da Lei n° 7.716, de 5 de janeiro de 1989, passa a vigorar com a seguinte redação:

"Define os crimes resultantes de discriminação ou preconceito de raça, cor, etnia, religião, procedência nacional, gênero, sexo, orientação sexual e identidade de gênero." (NR)

Art. 3° O caput do art. 1° da Lei n° 7.716, de 5 de janeiro de 1989, passa a vigorar com a seguinte redação:

"Art. 1° Serão punidos, na forma desta Lei, os crimes resultantes de discriminação ou preconceito de raça, cor, etnia, religião, procedência nacional, gênero, sexo, orientação sexual e identidade de gênero." (NR)

Art. 4° A Lei n° 7.716, de 5 de janeiro de 1989, passa a vigorar acrescida do seguinte art. 4°-A:

"Art. 4°-A Praticar o empregador ou seu preposto atos de dispensa direta ou indireta:
Pena: reclusão de 2 (dois) a 5 (cinco) anos."

Art. 5° Os arts. 5°, 6° e 7° da Lei n° 7.716, de 5 de janeiro de 1989, passam a vigorar com a seguinte redação:

"Art. 5° Impedir, recusar ou proibir o ingresso ou a permanência em qualquer ambiente ou estabelecimento público ou privado, aberto ao público:
Pena: reclusão de 1 (um) a 3 (três) anos." (NR)

"Art. 6° Recusar, negar, impedir, preterir, prejudicar, retardar ou excluir, em qualquer sistema de seleção educacional, recrutamento ou promoção funcional ou profissional:
Pena – reclusão de 3 (três) a 5 (cinco) anos.

Parágrafo único. (Revogado)." (NR)

"Art. 7º Sobretaxar, recusar, preterir ou impedir a hospedagem em hotéis, motéis, pensões ou similares:
Pena – reclusão de 3 (três) a 5 (cinco) anos." (NR)

Art. 6º A Lei nº 7.716, de 5 de janeiro de 1989, passa a vigorar acrescida do seguinte art. 7º-A:

"Art. 7º-A Sobretaxar, recusar, preterir ou impedir a locação, a compra, a aquisição, o arrendamento ou o empréstimo de bens móveis ou imóveis de qualquer finalidade:
Pena: reclusão de 2 (dois) a 5 (cinco) anos."

Art. 7º A Lei nº 7.716, de 5 de janeiro de 1989, passa a vigorar acrescida dos seguintes art. 8º-A e 8º-B:

"Art. 8º-A Impedir ou restringir a expressão e a manifestação de afetividade em locais públicos ou privados abertos ao público, em virtude das características previstas no art. 1º desta Lei:
Pena: reclusão de 2 (dois) a 5 (cinco) anos."

"Art. 8º-B Proibir a livre expressão e manifestação de afetividade do cidadão homossexual, bissexual ou transgênero, sendo estas expressões e manifestações permitidas aos demais cidadãos ou cidadãs:
Pena: reclusão de 2 (dois) a 5 (cinco) anos."

Art. 8º Os arts. 16 e 20 da Lei nº 7.716, de 5 de janeiro de 1989, passam a vigorar com a seguinte redação:

"Art. 16. Constituem efeito da condenação:

I – a perda do cargo ou função pública, para o servidor público;

II – inabilitação para contratos com órgãos da administração pública direta, indireta ou fundacional;

III – proibição de acesso a créditos concedidos pelo poder público e suas instituições financeiras ou a programas de incentivo ao desenvolvimento por estes instituídos ou mantidos;

IV – vedação de isenções, remissões, anistias ou quaisquer benefícios de natureza tributária;

V – multa de até 10.000 (dez mil) UFIRs, podendo ser multiplicada em até 10 (dez) vezes em caso de reincidência, levando-se em conta a capacidade financeira do infrator;

VI – suspensão do funcionamento dos estabelecimentos por prazo não superior a 3 (três) meses.

§ 1º Os recursos provenientes das multas estabelecidas por esta Lei serão destinados para campanhas educativas contra a discriminação.

§ 2º Quando o ato ilícito for praticado por contratado, concessionário, permissionário da administração pública, além das responsabilidades individuais, será acrescida a pena de rescisão do instrumento contratual, do convênio ou da permissão.

§ 3º Em qualquer caso, o prazo de inabilitação será de 12 (doze) meses contados da data da aplicação da sanção.

§ 4º As informações cadastrais e as referências invocadas como justificadoras da discriminação serão sempre acessíveis a todos aqueles que se sujeitarem a processo seletivo, no que se refere à sua participação." (NR)

"Art. 20. Praticar, induzir ou incitar a discriminação ou preconceito de raça, cor, etnia, religião, procedência nacional, gênero, sexo, orientação sexual e identidade de gênero:

§ 5º O disposto neste artigo envolve a prática de qualquer tipo de ação violenta, constrangedora, intimidatória ou vexatória, de ordem moral, ética, filosófica ou psicológica." (NR)

Art. 9º A Lei nº 7.716, de 5 de janeiro de 1989, passa a vigorar acrescida dos seguintes arts. 20-A e 20-B:

"Art. 20-A. A prática dos atos discriminatórios a que se refere esta Lei será apurada em processo administrativo e penal, que terá início mediante:

I – reclamação do ofendido ou ofendida;

II – ato ou ofício de autoridade competente;

III – comunicado de organizações não governamentais de defesa da cidadania e direitos humanos."

"Art. 20-B. A interpretação dos dispositivos desta Lei e de todos os instrumentos normativos de proteção dos direitos de igualdade, de oportunidade e de tratamento atenderá ao princípio da mais ampla proteção dos direitos humanos.

§ 1º Nesse intuito, serão observadas, além dos princípios e direitos previstos nesta Lei, todas as disposições decorrentes de tratados ou convenções internacionais das quais o Brasil seja signatário, da legislação interna e das disposições administrativas.

§ 2º Para fins de interpretação e aplicação desta Lei, serão observadas, sempre que mais benéficas em favor da luta antidiscriminatória, as diretrizes traçadas pelas Cortes Internacionais de Direitos Humanos, devidamente reconhecidas pelo Brasil."

Art. 10. O § 3º do art. 140 do Decreto-Lei nº 2.848, de 7 de dezembro de 1940 – Código Penal, passa a vigorar com a seguinte redação:

"Art. 140.

§ 3º Se a injúria consiste na utilização de elementos referentes à raça, cor, etnia, religião, procedência nacional, gênero, sexo, orientação sexual e identidade de gênero, ou a condição de pessoa idosa ou portadora de deficiência:
Pena: reclusão de 1 (um) a 3 (três) anos e multa." (NR)

Art. 11. O art. 5º da Consolidação das Leis do Trabalho - CLT, aprovada pelo Decreto-Lei nº 5.452, de 1º de maio de 1943, passa a vigorar acrescido do seguinte parágrafo único:

"Art. 5º

Parágrafo único. Fica proibida a adoção de qualquer prática discriminatória e limitativa para efeito de acesso a relação de emprego, ou sua manutenção, por motivo de sexo, orientação sexual e identidade de gênero, origem, raça, cor, estado civil, situação familiar ou idade, ressalvadas, neste caso, as hipóteses de proteção ao menor previstas no inciso XXXIII do caput do art. 7° da Constituição Federal." (NR)

Art. 12. Esta Lei entra em vigor na data de sua publicação.

Sala das Sessões, em 23 de novembro de 2006.

Em seguida, o referido projeto foi encaminhado ao Senado Federal no dia 07/12/2006, através do Ofício n° 589/06, tendo sido protocolado em 12/12/2006 PLEG – Protocolo Legislativo. Ao chegar ao Senado Federal, o citado projeto recebeu o número PLC 122/2.006 (Projeto de Lei da Câmara n° 122, de 2.006).

Em 07/02/2007, o PLC 122/2006, foi encaminhado ao gabinete da Senadora Fátima Cleide (PT/RO), designada como relatora na Comissão de Direitos Humanos (CDH), a qual apresentou voto *favorável* à aprovação do projeto. No dia 07/03/2007, devolveu o citado projeto à CDH com voto favorável para a aprovação do mesmo. Na reunião da referida Comissão, realizada em 15/03/2007, a relatora pediu a retirada do projeto de pauta para "reexame da matéria".

Foi uma retirada estratégica, pois o Senado estava recebendo várias mensagens de protesto. O Presidente Lula tem especial interesse em sancioná-lo, uma vez que, quando candidato, dedicou 14 páginas a um caderno em que se comprometia a promover o homossexualismo, caso fosse reeleito (Programa Setorial Lula Presidente: construindo um Brasil sem Homofobia: Programa Setorial Cidadania GLBT 2007/2010).

(Vide artigo "O Perigo do PLC 122/2006", do Pe. Luiz Carlos Lodi da Cruz — http://juliosevero.blogspot.com/2007/06/o-perigo-do-plc-1222006.html)

PROJETO DE LEI DA CÂMARA N° 122, DE 2006

(N° 5.003/2001, na Câmara dos Deputados)

Altera a Lei n° 7.716, de 5 de janeiro de 1989, que define os crimes resultantes de preconceito de raça ou de cor, dá nova redação ao § 3°

do art. 140 do Decreto–Lei nº 2.849, de 7 de dezembro de 1940 – Código Penal, e ao art. 5º da Consolidação das Leis do Trabalho, aprovada pelo Decreto–Lei nº 5.452, de 1º de maio de 1943, e dá outras providências.

O Congresso Nacional decreta:

Art. 1º Esta Lei altera a Lei nº 7.716, de 5 de janeiro de 1999, o Decreto-Lei nº 2.848, de 7 de dezembro de 1940 – Código Penal, e a Consolidação das Leis do Trabalho, aprovada pelo Decreto–Lei nº 5.452, de 1º de maio de 1943, definindo os crimes resultantes de discriminação ou preconceito de gênero, sexo, orientação sexual e identidade de gênero.

Art. 2º A ementa da Lei nº 7.716, de 5 de janeiro de 1989, passa a vigorar com a seguinte redação: "Define os crimes resultantes de discriminação ou preconceito de raça, cor, etnia, religião, procedência nacional, gênero, sexo, orientação sexual e identidade de gênero." (NR)

Art. 3º o caput do art. 1º da Lei nº 7.716, de 5 de janeiro de 1999, passa a vigorar com a seguinte redação:

"Art. 1º Serão punidos, na forma desta Lei, os crimes resultantes de discriminação ou preconceito de raça, cor, etnia, religião, procedência nacional, gênero, sexo, orientação sexual e identidade de gênero." (NR)

Art. 4º A Lei nº 7.716, de 5 de janeiro de 1999, passa a vigorar acrescida do seguinte art. 4º-A:

"Art. 4º-A Praticar o empregador ou seu preposto atos de dispensa direta ou indireta: Pena: reclusão de 2 (dois) a 5 (cinco) anos."

Art. 5º Os arts. 5º, 6º e 7º da Lei nº 7.716, de 5 de janeiro de 1999, passam a vigorar com a seguinte redação:

"Art. 5º Impedir, recusar ou proibir o ingresso ou a permanência em qualquer ambiente ou estabelecimento público ou privado, aberto ao público: Pena: reclusão de 1 (um) a 3 (três) anos."(NR)

"Art. 6º Recusar, negar, impedir, preterir, prejudicar, retardar ou excluir, em qualquer sistema de seleção educacional, recrutamento ou promoção funcional ou profissional: Pena – reclusão de 3 (três) a 5 (cinco) anos. Parágrafo único. (Revogado) ."(NR)

"Art. 7º Sobretaxar, recusar, preterir ou impedir a hospedagem em hotéis, motéis, pensões ou similares: Pena – reclusão de 3 (três) a 5 (cinco) anos." (NR)

Art. 6º A Lei nº 7.716, de 5 de janeiro de 1999, passa a vigorar acrescida do seguinte art. 7º-A:

"Art. 7º-A Sobretaxar, recusar, preterir ou impedir a locação, a compra, a aquisição, o arrendamento ou o empréstimo de bens móveis ou imóveis de qualquer finalidade: Pena: reclusão de 2 (dois) a 5 (cinco) anos."

Art. 7º A Lei nº 7.716, de 5 de janeiro de 1989, passa a vigorar acrescida dos seguintes art. 8º-A e 8º-B:

"Art. 8º-A Impedir ou restringir a expressão e a manifestação de afetividade em locais públicos ou privados abertos ao público, em virtude das características previstas no art.1º desta Lei: Pena: reclusão de 2 (dois) a 5 (cinco) anos."

"Art. 8º-B Proibir a livre expressão e manifestação de afetividade do cidadão homossexual, bissexual ou transgênero, sendo estas expressões e manifestações permitidas aos demais cidadãos ou cidadãs. Pena: reclusão de 2 (dois) a 5 (cinco) anos."

Art. 8º Os arts. 16 e 20 da Lei nº 7.716, de 5 de janeiro de 1999, passam a vigorar com a seguinte redação:

"Art. 16. Constituem efeito da condenação:

I – a perda do cargo ou função pública, para o servidor público;

II – inabilitação para contratos com órgãos da administração pública direta, indireta ou fundacional;

III – proibição de acesso a créditos concedidos pelo Poder Público e suas instituições financeiras ou a programas de incentivo ao desenvolvimento por estes instituídos ou mantidos;

IV – vedação de isenções, remissões, anistias ou quaisquer benefícios de natureza tributária;

V – multa de até 10.000 (dez mil) UFIR, podendo ser multiplicada em até 10 (dez) vezes em caso de reincidência, levando–se em conta a capacidade financeira do infrator;

VI – suspensão do funcionamento dos estabelecimentos por prazo não superior a 3 (três) meses.

§ 1º Os recursos provenientes das multas estabelecidas por esta Lei serão destinados para campanhas educativas contra a discriminação.

§ 2º Quando o ato ilícito for praticado por contratado, concessionário, permissionário da administração pública, além das responsabilidades individuais, será acrescida a pena de rescisão do instrumento contratual, do convênio ou da permissão.

§ 3º Em qualquer caso, o prazo de inabilitação será de 12 (doze) meses contados da data da aplicação da sanção.

§ 4º As informações cadastrais e as referências invocadas como justificadoras da discriminação serão sempre acessíveis a todos aqueles que se sujeitarem a processo seletivo, no que se refere à sua participação." (NR)

"Art. 20. Praticar, induzir ou incitar a discriminação ou preconceito de raça, cor, etnia, religião, procedência nacional, gênero, sexo, orientação sexual e identidade de gênero:

....

§ 5º O disposto neste artigo envolve a prática de qualquer tipo de ação violenta, constrangedora, intimidatória ou vexatória, de ordem moral, ética, filosófica ou psicológica." (NR)

Art. 9º A Lei nº 7.716, de 5 de janeiro de 1989, passa a vigorar acrescida dos seguintes arts. 20–A e 20–B:

"Art. 20-A. A prática dos atos discriminatórios a que se refere esta Lei será apurada em processo administrativo e penal, que terá início mediante:

I – reclamação do ofendido ou ofendida;

II – ato ou ofício de autoridade competente;

III – comunicado de organizações não governamentais de defesa da cidadania e direitos humanos."

"Art. 20–B. A interpretação dos dispositivos desta Lei e de todos os instrumentos normativos de proteção dos direitos de igualdade, de oportunidade e de tratamento atenderá ao princípio da mais ampla proteção dos direitos humanos.

§ 1º Nesse intuito, serão observadas, além dos princípios e direitos previstos nesta Lei, todas as disposições decorrentes de tratados ou convenções internacionais das quais o Brasil seja signatário, da legislação interna e das disposições administrativas.

§ 2º Para fins de interpretação e aplicação desta Lei, serão observadas, sempre que mais benéficas em favor da luta antidiscriminatória, as diretrizes traçadas pelas Cortes Internacionais de Direitos Humanos, devidamente reconhecidas pelo Brasil."

Art. 10. O § 3º do art. 140 do Decreto–Lei nº 2.649, de 7 de dezembro de 1940 – Código Penal, passa a vigorar com a seguinte redação:

"Art. 140. ....

§ 3º Se a injúria consiste na utilização de elementos referentes à raça, cor, etnia, religião, procedência nacional, gênero, sexo, orientação sexual e identidade de gênero, ou a condição de pessoa idosa ou portadora de deficiência:

Pena: reclusão de 1 (um) a 3 (três) anos e multa."(NR)

Art. 11. O art. 5º da Consolidação das Leis do Trabalho – CLT, aprovada pelo Decreto–Lei nº 5.452, de 1º de maio de 1943, passa a vigorar acrescido do seguinte parágrafo único:

"Art. 5º .... Parágrafo único. Fica proibida a adoção de qualquer prática discriminatória e limitativa para efeito de acesso a relação de emprego, ou sua manutenção, por motivo de sexo, orientação sexual e identidade de gênero, origem, raça, cor, estado civil, situação familiar ou idade, ressalvadas, neste caso, as hipóteses de proteção ao menor previstas no inciso XXXIII do caput do art. 7º da Constituição Federal." (NR)

Art. 12. Esta Lei entra em vigor na data de sua publicação.

Sala das Sessões, em 23 de novembro de 2006.

No entanto, o projeto pode ser votado e aprovado a qualquer momento. Entretanto, parece que a maioria dos cristãos está adormecida e indiferente diante de uma questão de tão grande amplitude. Conforme o artigo "O Perigo do PLC 122/2006", acima mencionado, muitas perseguições religiosas têm sido desencadeadas por ativistas homossexuais:

Em 10 de abril deste ano (2007), a BBC noticiou que o arcebispo de Gênova (Itália), presidente da CEI (Conferência Episcopal Italiana) foi colocado sob escolta policial depois de ter recebido ameaças de morte de ativistas homossexuais.[4] Na Inglaterra, o bispo anglicano de Hereford, Anthony Priddis, está sendo processado por ter-se recusado a empregar um homossexual declarado (lá foi aprovada a "Lei de Orientação Sexual", semelhante àquela que nosso presidente pretende sancionar).[5] Na Suécia, em julho de 2004, o pastor Ake Green foi condenado a um mês de prisão por ter feito um sermão contra o homossexualismo. [6] No Brasil, em 2004, o arcebispo emérito do Rio de Janeiro Dom Eugênio Sales foi ameaçado com uma enxurrada de processos vindos de homossexuais, incomodados por artigos de jornal que criticavam suas condutas.

Mantendo os Valores Cristãos

A manutenção dos fundamentos dos valores cristãos somente será exeqüível se a moral for preservada, o pecado for combatido, a doutrina bíblica for conservada e a instituição do casamento for mantida nos moldes estabelecidos pelo Criador.

Preservando a moral. Em parte, os cristãos têm culpa pelo desgaste da palavra "moral", porque muitos dos que faziam leis com base na moralidade e nos princípios cristãos não tinham uma vida condizente. Isso é hipocrisia (Gl 2.6). Os princípios morais devem ser mantidos, pois a igreja e a sociedade não se manteriam sem eles (Mt 5.13-16). Não basta apontar o que é correto e bom; é necessário que quem defenda esses princípios viva por eles (Mt 5. 16; 23.13-33; 1 Tm 4.2).

Combatendo o pecado. O cristão é consciente da realidade do pecado e jamais será condescendente com ele (Gn 4.7; Rm 6.23; 1 Co 15.56; 2 Co 6.14). Devemos deixar que a Palavra de Deus nos impeça de pecar (Sl 119.11). É preciso voltar-se para Deus para se evitar o pecado (Is 40.28-31). O cristão não deve deixar seduzir-se pelos pecadores, mas deve dar "meia volta" e fugir do pecado (Pv 1.10-19). "A alma que pecar, essa morrerá" (Ez 18.4b). "O salário do pecado é a morte" (Rm 6.23a).

Conservando a doutrina. Não há como negar que determinadas coisas mudam com o tempo. O cristão deve ser, antes de tudo, sábio. Mudanças são inevitáveis e necessárias. Muitas inovações foram introduzidas na igreja, mas não significa que tenham violado algum princípio. A própria Escola Bíblica Dominical é uma instituição recente, comparada ao tempo de existência da Igreja. Os princípios do evangelho, no entanto, não podem ser alterados, ainda que o mundo inteiro caminhe na direção contrária (Pv 4.5; 22.28; 23.10; Dt 19.14; 27.17; Tt 1.9; 2.1; At 2.42,43).

Casamento. A instituição do casamento deve ser mantida e ensinada pela igreja. O casamento une o homem e a mulher (Gn 2.18-24). Formas alternativas e pecaminosas de união irão desestruturar a igreja e semear confusão na mente dos cristãos (1 Tm 4.1-3 — "proibindo o casamento"; Gn 1.27; 1 Co 6.10). O casamento é para sempre (Mt 19.3-6; Lc 16.18). O adultério é pecaminoso e destrutivo (Pv 6.32-35).

A Igreja Diante da Inversão de Valores

A estratégia continua sendo a mesma. São antigas as propostas do arquiinimigo de nossas almas (Satanás). Desde os dias de Abraão, Satanás faz ofertas no intento de se apoderar das almas (Gn 14.22,23). Abraão tinha uma firme resolução de honrar o seu compromisso com Deus: "Eu já levantei a minha mão [...]". Embora essa tática já seja bem conhecida por nós, Satanás inova suas velhas propostas tentando nos enganar.

Ninguém pode destruir a estrutura da Igreja. Ela está edificada na Rocha que é Jesus Cristo (Mt 16.18). Desde os seus primórdios, a Igreja sofre com a inversão de valores propostas pelo sistema. Essa tem sido uma tática do Inimigo para enganar os incautos (1 Tm 4.1,2; Tt 1.10-14). Nos dias do apóstolo Paulo, já existiam os falsos ensinadores, enganadores, usando doutrinas de demônios, contadores de histórias, desordenados, que interpretavam a Palavra de Deus conforme seus costumes e desobediências, criando novas doutrinas, e até outro evangelho (Gl 1.6-9).

Como achar o Caminho Certo

1. *Cuidar-se dos caminhos enganosos.* A Palavra de Deus diz que "há caminho que ao homem parece direito, mas o fim dele são os caminhos da morte" (Pv 14.12; 16.25). Esses caminhos são os da imoralidade, da prostituição, do pecado, da mentira, da idolatria, das drogas, do alcoolismo, do homossexualismo, do lesbianismo, dos jogos de azar, do roubo, etc.

2. *Deus nos coloca diante de dois caminhos (Dt 11.26-28).* Podemos viver por nós mesmos ou servir a Deus. Escolher o nosso próprio caminho é viajar por uma estrada sem saída, mas optar pelo caminho de Deus é ter a vida eterna (cf. Jo 5.24).

3. *A escolha do caminho certo.* Não devemos adiar essa decisão! Josué desafiou o povo a uma tomada de posição diante de Deus: "escolhei hoje a quem sirvais" (Js 24.15). Diante de nós estão os seguintes caminhos: o caminho da vida e o caminho da morte; o caminho da luz e o caminho das trevas; o caminho do bem e o caminho do mal; o caminho da felicidade e o caminho do sofrimento; o caminho da satisfação e o caminho do remorso; o caminho de virtudes e o caminho do pecado; o caminho da fé e o caminho da incredulidade; o caminho do amor a Deus e o caminho do amor a Satanás; o caminho do amor ao próximo e o caminho do amor a si mesmo; o caminho da tranqüilidade e o caminho da insegurança; o caminho da salvação e o caminho da perdição.

4. *A Palavra de Deus é o guia seguro.* A Bíblia Sagrada diz em Isaías 30.21: "E os teus ouvidos ouvirão a palavra que está por detrás de ti, dizendo: Este é o caminho; andai nele, sem vos desviardes nem para a direita nem para a esquerda".

5. *Jesus é o verdadeiro caminho!* João 14.5,6 é um dos textos mais importantes da Bíblia Sagrada. "Jesus disse que é o único caminho para Deus Pai. Unindo nossa vida à dEle, somos unidos a Deus. Se você se sentir confuso na encruzilhada da vida, não se desespere, Jesus é o caminho; seguindo-o, não há como errar. Caro amigo, confie em Jesus para levá-lo ao Pai, e todos os benefícios de ser filho de Deus serão seus."

Os valores do cristianismo, exarados na Palavra de Deus, são imutáveis e servem de regra para orientar os homens em todas as gerações (Is 30.21; Mt 24.35; 2 Tm 3.16). Portanto, não há por que substituí-los, menos ainda por valores anticristãos (Sl 23.1-3; Jo 15.7). Esses valores, como já dissemos, são insubstituíveis e devem ser coerentes com o testemunho cristão: "A Igreja deve viver o que prega e pregar o que vive".

Deus tem tantas coisas boas para nos dar: sua paz, sua graça, seu amor, sua força, sua proteção, seu alento, sua esperança, sua vida. Ele quer nos abençoar com toda a sorte de bênçãos espirituais em Cristo nas regiões celestiais (Ef 1.3-6).

14

Neopaganismo, um Mal a Ser Combatido

Vede, irmãos, que nunca haja em qualquer de vós um coração mau e infiel, para se apartar do Deus vivo (Hb 3.12).

Neopaganismo é um grupo de religiões, bastante heterogêneas entre si, estabelecidas como um ressurgimento das religiões pagãs, principalmente as da antiguidade pré-cristã e Idade Média européias.

O neopaganismo é um sistema de credos bem diversificado, que toma de empréstimo mitos e divindades das mais variadas fontes para a criação do que pode ser descrito como uma religião de caráter altamente pessoal. Os temas mais comuns entre as diferentes linhas neopagãs incluem: a reverência pela natureza ou ativismo ecológico; o matriocentrismo, pela veneração de uma divindade feminina, a quem chamam genericamente Deusa; apropriação de elementos das mitologias e folclores antigos; a crença em magia (natural e cerimonial); a busca da evolução através das terapias holísticas atuais; e, freqüentemente, a reencarnação.

Neopaganismo é o retorno às práticas religiosas pagãs da antiguidade. Uma das principais táticas de Satanás é manter a mente do homem em trevas (2 Co 4.4). Há milhões de indivíduos cegos espiritualmente no mundo em que vivemos, por causa da rede de mentiras e engano que ele armou (2 Co 11.14,15; Jo 12.31,40; 14.30; 16.11). Algumas delas são: o ateísmo, a Teoria da Evolução, as heresias, os sistemas filosóficos, as seitas e as falsas religiões do mundo.

Deus sempre alertou seu povo quanto aos riscos que o fazem desviar de sua fé em Cristo (Jo 16.33; Lc 21.16). Nestes últimos dias, a Igreja precisa estar alerta quanto ao perigo do retorno às práticas religiosas pagãs da antiguidade, isto é, o neopaganismo, que sorrateiramente tenta macular a Igreja do Senhor. Todavia, se quisermos acabar com as trevas, temos de acender a luz (Sl 119.105).

O Ressurgimento do Paganismo

O uso do termo pelos neopagãos talvez se dê ao desejo de marcar a verdadeira revolução dos conceitos religiosos e espiritualistas, mais marcantemente desde a década de 1970. Primeiramente, o ressurgimento do paganismo está ligado de modo intrínseco à sua sutileza. O paganismo na pós-modernidade não persegue nem mata os crentes, mas os seduz por meio de uma espiritualidade completamente pagã.

Em segundo lugar, as doutrinas da Nova Era, principalmente, têm influenciado o de modo sensível o ressurgimento do paganismo. Em apenas uma geração, o Ocidente se tornou uma espécie de incubadora do paganismo reavivado. Por trás da surpreendente diversidade da cultura atual (aborto, homossexualidade, feminismo, nova espiritualidade, adoração de deusas e feitiçaria com nova roupagem), encontra-se uma espiritualidade pagã coerente, assumindo controle absoluto e intolerante a qualquer verdade que não seja a sua.

O movimento da Nova Era explodiu nos anos de 1980 e 1990. Não trazia nada de novo, pois reunia doutrinas pagãs conhecidas desde milênios e também não morreu, apesar de não estar mais em destaque. Sua influência está presente em vários setores da sociedade moderna: milhões de profissionais e pessoas influentes.

Ela se utiliza das idéias e conceitos como: sincretismo religioso, panteísmo, divinização do homem e a crença em uma Nova Ordem Mundial. Satanás, a "antiga serpente", continua a tentar iludir a raça humana e levá-la ao pecado (Gn 3; Ap 12.9).

Outra forma utilizada pela Nova Era que contribui para o ressurgimento do paganismo são as referências constantes a elementos de magia. As lojas de artigos esotéricos multiplicaram-se desde o advento da Nova Era. Duendes e fadas são apresentados como personagens reais em programas infantis. O *halloween*, tradição norte-americana, já entrou no Brasil e está fazendo parte do Calendário Escolar (1 Jo 5.21).

Os jogos de videogame, livros e revistas falam sobre fantasias, reencarnação, telepatia e outros poderes ocultos. O engano programado vai além dos desenhos animados dos super-heróis da televisão e filmes de cinema. A literatura e os brinquedos também têm sido usados pela Nova Era. As livrarias são invadidas por títulos esotéricos dissimulados, muitas vezes, em histórias em quadrinhos. Eles ensinam a invocação aos mortos, a conjuração de espíritos, a clarividência, a telepatia, a feitiçaria e a bruxaria. Apresentam, ainda, brinquedos, bonecos, cinturões, fantasias, espadas, além de uma variedade de outras armas, muito usados pelas crianças. Infelizmente, esse tipo de material pernicioso tem sido comprado por pais e avós, em razão da ignorância quanto à fonte que inspira, produz e comercializa esses produtos.

Em terceiro lugar, o estabelecimento de uma cultura pagã, contribuiu para que o paganismo impregnasse o mundo, principalmente através da mídia, que é seu principal instrumento de sustentação, além da indústria cinematográfica e dos jogos de videogame e desenhos animados. Na indústria cinematográfica temos como exemplos: filmes e livros da série *Harry Potter*, bem como filmes e seriados de televisão (*Charmed*) que insistem em mostrar o "lado bom" das bruxas e até de demônios, como no filme *Hellboy*. Isso sem falar dos clássicos como *E.T. O Extraterrestre, Guerra nas Estrelas*, *Caçadores da Arca Perdida, O Senhor dos Anéis* e *Matrix*, que são alguns exemplos da disseminação desse mal denominado paganismo e têm feito sucesso nos cinemas do mundo inteiro.

Quanto aos jogos de videogames e desenhos animados, constata-se que esses "inofensivos" entretenimentos, na maioria das vezes, contêm mensagens subliminares repletas de referências à bruxaria e ao satanismo. A televisão, por sua vez, exibe desenhos de super-heróis, estranhos seres de outros planetas, monstros horríveis, homens que se transformam em robôs e máquinas que raciocinam. Monstros de procedência das mais duvidosas aparecem nas histórias como amigos e protetores das crianças. Esses super-heróis são dotados de superpoderes concedidos pelos deuses ocultos. Alguns exemplos: *Meninas Superpoderosas*, *Power Rangers*, *Bob Esponja*, *Cavaleiros do Zodíaco*, etc.

Em quarto lugar, o ressurgimento do neopaganismo torna-se evidente com o culto aos anjos. Ainda hoje, como no início da cristandade, muitos falsos mestres insistem em ensinar que é preciso reverenciar e adorar os anjos para se ter uma comunhão mais íntima com Deus.

A Palavra de Deus é bastante clara e precisa quanto a essa questão: os anjos não devem ser adorados (Cl 2.18; Ap 19.10; 22.9).

A Igreja e o Neopaganismo

Religiões. Através de belos discursos, muitas religiões fazem apologia do amor, como o espiritismo, e até mencionam o nome de Cristo de maneira positiva, porém nunca o reconhecendo como Deus. O Diabo pode disfarçar-se em anjo de luz (2 Co 11.14).

Ignorância teológica. A igreja evangélica no Brasil, de um modo geral, está atravessando uma crise teológica gravíssima na atualidade. O povo brasileiro, infelizmente, é conhecido por seu acentuado grau de misticismo, obcecado por tudo o que está ligado ao sobrenatural. Satanás inspira o culto pagão, e é louvado cada vez mais sem rodeios pelos seus seguidores.

Novidades inofensivas. Jogos eletrônicos têm como heróis monstros que não se preocupam em disfarçar a sua natureza maligna. Seus poderes de destruição e o nível de sua maldade são exaltados nos textos que listam suas atribuições.

No famoso livro *O Código Da Vinci*, há uma exaltação sem precedentes ao paganismo e um ataque direto à Igreja Romana, mas principalmente ao cristianismo (2 Ts 2.9; Ap 2.13).

O Cristão e o Paganismo

A igreja e a crise de identidade. A igreja está enfrentando um crise de identidade sem precedentes na sua história (Mt 24.12; 2 Co 11.2-4; Cl 2.8; 1 Ts 4.7). A ameaça contra ela, tem trazido sérias e graves implicações para os crentes e principalmente aos seus filhos (Gl 1.6-9; 3.1-3; 2 Co 13.5; 1 Tm 4.1-5).

Alimentos sacrificados aos ídolos. A posição do cristão é não se contaminar com o culto pagão. Comer carne que tinha sido sacrificada aos ídolos poderia ser inofensivo, mas comer tal alimento como parte de uma festa de ídolos em um templo pagão era outro assunto. Partilhar alimentos como parte de um festival pagão envolve participação com os demônios (1 Co 10.14-21). Mais que isso, é deixar de oferecer o cristianismo como o único caminho que leva à salvação (1 Co 5.6-8; Jo 14.6).

Convivência com o paganismo. Não devemos ser paranóicos, proibindo ou evitando qualquer coisa que possa ter vínculo direto com o paganismo porque é humanamente impossível escapar a essa convivência (Ez 20.7).

Sobre a convivência com o paganismo, devemos seguir o conselho de Paulo (1 Co 10.27; Gl 5.16; 1 Tm 6.3-5).

De uma coisa devemos estar certos: nem Satanás, nem a Nova Era, nem o esoterismo, nem o ocultismo, nem o misticismo, nem a incredulidade, nem o paganismo, nem o ateísmo, ou seja lá o que for que estiver envolvido com essa prática, poderá ter poder sobre a pessoa que estiver ao lado de Cristo (Rm 8.38,39). O crente sábio julga todo o ensinamento pelo que ele produz, e não pelo que parece (At 17.11; 1 Ts 5.21; Hb 4.12,13).

Devemos observar com bastante rigor os princípios básicos da fé cristã e examinar com cuidado qualquer novo ensino que nos distancie da Bíblia Sagrada, da comunhão da igreja e das doutrinas constantes na Declaração de Fé da Igreja Evangélica Assembléia de Deus, conforme adiante se vê:

Cremos

1. Em um só Deus, eternamente subsistente em três pessoas: o Pai, o Filho e o Espírito Santo (Dt 6.4; Mt 28.19; Mc 12.29).

2. Na inspiração verbal da Bíblia Sagrada, única regra infalível de fé normativa para a vida e o caráter cristão (2 Tm 3.14-17).

3. Na concepção virginal de Jesus, em sua morte vicária e expiatória, em sua ressurreição corporal dentre os mortos e sua ascensão vitoriosa aos céus (Is 7.14; Rm 8.34 e At 1.9).

4. Na pecaminosidade do homem, que o destituiu da glória de Deus, e que somente o arrependimento e a fé na obra expiatória e redentora de Jesus Cristo é que pode restaurá-lo a Deus (Rm 3.23 e At 3.19).

5. Na necessidade absoluta do novo nascimento pela fé em Cristo e pelo poder atuante do Espírito Santo e da Palavra de Deus, para tornar o homem digno do Reino dos céus (Jo 3.3-8).

6. No perdão dos pecados, na salvação presente e perfeita e na eterna justificação da alma recebidos gratuitamente de Deus pela fé no sacrifício efetuado por Jesus Cristo em nosso favor (At 10.43; Rm 10.13; 3.24-26 e Hb 7.25; 5.9).

7. No batismo bíblico efetuado por imersão do corpo inteiro uma só vez em águas, em nome do Pai, do Filho e do Espírito Santo, conforme determinou o Senhor Jesus Cristo (Mt 28.19; Rm 6.1-6 e Cl 2.12).

8. Na necessidade e na possibilidade que temos de viver vida santa mediante a obra expiatória e redentora de Jesus no Calvário, através do poder regenerador, inspirador e santificador do Espírito Santo, que nos capacita a viver como fiéis testemunhas do poder de Cristo (Hb 9.14 e 1 Pe 1.15).

9. No batismo bíblico no Espírito Santo que nos é dado por Deus mediante a intercessão de Cristo, com a evidência inicial de falar em outras línguas, conforme a sua vontade (At 1.5; 2.4; 10.44-46; 19.1-7).

10. Na atualidade dos dons espirituais distribuídos pelo Espírito Santo à Igreja para sua edificação, conforme a sua soberana vontade (1 Co 12.1-12).

11. Na Segunda Vinda pré-milenial de Cristo, em duas fases distintas. Primeira — invisível ao mundo, para arrebatar a sua Igreja fiel da terra, antes da Grande Tribulação; segunda — visível e corporal, com sua Igreja glorificada, para reinar sobre o mundo durante mil anos (1 Ts 4.16. 17; 1 Co 15.51-54; Ap 20.4; Zc 14.5; Jd 14).

12. Que todos os cristãos comparecerão ante o Tribunal de Cristo, para receber recompensa dos seus feitos em favor da causa de Cristo na terra (2 Co 5.10).

13. No juízo vindouro que recompensará os fiéis e condenará os infiéis (Ap 20.11-15).

14. E na vida eterna de gozo e felicidade para os fiéis e de tristeza e tormento para os infiéis (Mt 25.46).

Antes de encerrar este assunto, não poderia deixar de partilhar com você, amado leitor, um artigo sobre o neopaganismo que encontrei na Internet (http://www.ejesus.com.br) de autoria de Cícero Brasil Ferraz:

> É constrangedor assistir a programas "evangélicos" na televisão. O ponto central da teologia da prosperidade é uma chamada "fé positiva", que poderíamos chamar de "fé na fé". Uma mistura de Vincent Pearle (O Pensamento Positivo) com um humanismo barato pregado nas cadeias televisivas e ensinados — *ad nauseam* — nos meios de comunicação em massa.

O grande salvador e libertador desse tipo de pregação é o deus Vontade. Se eu desejo e creio, logo recebo. A minha vontade é maior do que tudo — inclusive maior e mais necessária do que o império da vontade de Deus. Aliás, até Deus se submete ao poder da "fé na fé".

Aqui não se leva em conta a queda. Quando caímos em Adão, tudo em nós foi corrompido. Até a nossa vontade é subjugada pelo gládio da malignidade, pela força da carne, pela negação da santidade e pela oposição consciente e obstinada ao Deus Eterno. "Não há quem faça o bem", é o veredicto final.

Por outro lado, jamais Deus nos desestimularia a pedir, crer e buscar. Deus quer — no que tange à santificação — que exerçamos a fé que Ele mesmo nos deu. Não aquela "fé na minha fé", mas a partir de um relacionamento íntimo com a cruz que nos leva a convicção de pecado, e com a ressurreição que nos leva a uma vida vitoriosa pelo poder de Cristo dentro de nós.

Fé sem cruz, sem túmulo aberto, sem relacionamento com o Espírito Santo, não passa de um esforço humano e caído para conseguir "alcançar graças" que a história tenha a nos oferecer. Mesmo que ela tenha algum conteúdo cristão, será sempre independente de Deus, será, na verdade, uma afronta ao próprio Deus.

Condicionar a mente à própria mente — e é o que muitos evangélicos estão fazendo — é o mesmo que "pagar promessa". Os pagadores de promessa recebem as graças por causa da promessa cumprida, e não por causa da bondade e misericórdia de Deus. São os que chamamos hoje, de neopagãos. Falam de Cristo, mas, lá no fundo, vivem uma vida independente dEle. Mais valem a minha fé, a minha oração poderosa, a certeza que tenho que vou conseguir. Depois vou refletir sobre o que Deus pensa sobre isso.

Essa é a proposta do "outro evangelho" a que se refere Paulo em Gálatas capítulo 1.8-10. Um evangelho sem cruz, sem sofrimento, sem submissão e sem obediência. É só apertar o botão do querer e tudo será feito. Eu dito as normas com a minha fé; cabe a Deus obedecer. Esse Deus se tornou refém da própria "fé da fé". É o Rei escravizado por seus súditos.

Não sou descrente quanto as grandes realizações da vontade humana. Creio que o esforço científico — independente de qualquer sentimento ligado à salvação — tem proporcionado grandes benefícios à humanidade. Creio na graça comum, isto é, aquela obra de Deus na vida dos homens sem Cristo, homens comuns, capacitando-os a promulgar leis justas, usar a inteligência para descobertas maravilhosas, compor sinfonias que nos encantam.

Não creio, contudo, que essa "graça comum" possa levar o homem ao arrependimento, à convicção de pecados, a abandonar a velha natureza, a buscar ardentemente a face do Deus vivo. Mesmo que esse homem tenha convicções intelectuais sobre a existência de Deus. Uma adesão à fé cristã não significa necessariamente uma conversão genuína. Daí a minha tristeza em ver no Brasil tanta conversão fabricada, tanta fé dogmática, tanto número de conversão sem transformação.

Nesse meio — no meio dos "invertidos", mas não convertidos — prolifera o tipo cristão a que me referi no editorial passado. São motivados pelos possíveis milagres do cristianismo, mas rejeitam absolutamente o senhorio de Cristo. Buscam as mãos de Deus que fazem, mas não sua face que santifica; buscam o Deus que se compromete com o homem através de alianças, mas, eles mesmos não têm nenhum compromisso com Deus.

Na base do "querer é poder", fazem da vontade um ídolo, algo que Deus jamais desejou. A vontade humana foi completamente dominada pela Queda quando o seu coração se corrompeu. Só um salvador tão poderoso como Jesus nos poderia libertar de tão poderosa perdição. Portanto, nada de bom poderemos alcançar, querer e almejar através do nosso pobre esforço. Se dependermos apenas da força de vontade, certamente fracassaremos. Estaremos negando o poder do relacionamento prometido na cruz. Se a nossa vontade de vencer o mal bastasse, obviamente não precisaríamos de um salvador (1 Co 1.17). A verdade é que só a força da vontade é inútil diante dos imensos problemas que temos dentro da alma.

Não é na "fé positiva", e nem na abnegação estóica, nem em novenas realizadas e nem na autoflagelação que vamos encontrar graça para as nossas necessidades ou alívio para as nossas dores (Cl 2.20-23). Se somos do alto, devemos olhar para o alto e buscar as coisas lá do alto. É de lá que vem a nossa redenção; é do trono que vem a provisão; é na vontade soberana de Deus que encontramos plena satisfação, gozo e alegria.

A fé cristã nos ensina a crer não naquilo que creio, mas crer naquilo que Deus ensina em sua bendita Palavra. Ensina-nos a reconhecer o Senhor em todos os nossos caminhos e a confiar em sua amorável vontade.

15

Resistindo aos Apelos do Mundanismo

E não vos conformeis com este mundo, mas transformai-vos pela renovação do vosso entendimento, para que experimenteis qual seja a boa, agradável e perfeita vontade de Deus (Rm 12.2).

Todos sabemos que o sistema mundano atual é nefasto (At 2.40; Gl 1.4) e que o mesmo é controlado por Satanás (Jo 12.31; 1 Jo 5.19). O "príncipe deste mundo" utiliza todas as idéias mundanas de moralidade, das filosofias, da psicologia, dos desejos, dos governos, da cultura, da educação, da ciência, da arte, da medicina, da música, dos sistemas econômicos, das diversões, dos meios de comunicação, do esporte, da agricultura, etc., para opor-se a Deus, à Igreja e à sua Palavra (Mt 16.26; 1 Co 2.12; 3.19; Tt 2.12; 1 Jo 2.15,16; Tg 4.4; Jo 7.7; 15.18,19; 17.14).

Em 2 Coríntios 6.14-18, lemos:

> Não vos prendais a um jugo desigual com os infiéis; porque que sociedade tem a justiça com a injustiça? E que comunhão tem a luz com as trevas? E que concórdia há entre Cristo e Belial? Ou que parte tem o

> fiel com o infiel? E que consenso tem o templo de Deus com os ídolos? Porque vós sois o templo do Deus vivente, como Deus disse: Neles habitarei e entre eles andarei; e eu serei o seu Deus, e eles serão o meu povo. Pelo que saí do meio deles, e apartai-vos, diz o Senhor; e não toqueis nada imundo, e eu vos receberei; e eu serei para vós Pai, e vós sereis para mim filhos e filhas, diz o Senhor Todo-poderoso.

Todo crente precisa separar-se do mundo para ter uma vida totalmente controlada pelo Espírito Santo. Ser santo é ser separado das concupiscências desta vida. Para enfatizar o ponto de que a separação é necessária nesse tipo de situação, veja a recomendação do apóstolo Paulo nesse sentido em 1 Coríntios 5.9:

> Já por carta vos tenho escrito que não vos associeis com os que se prostituem; isto não quer dizer absolutamente com os devassos deste mundo, ou com os avarentos, ou com os roubadores, ou com os idólatras; porque então vos seria necessário sair do mundo. Mas, agora, escrevi que não vos associeis com aquele que, dizendo-se irmão, for devasso, ou avarento, ou idólatra, ou maldizente, ou beberrão, ou roubador; com o tal nem ainda comais.

A Influência Cultural

O cuidado com as adaptações culturais. Somos influenciados pela cultura desde o nascimento. O evangelho pode adaptar-se a todas as culturas. Mas há elementos culturais que agridem os princípios da Palavra de Deus: culto aos antepassados (nas culturas orientais), batismo de mortos (1 Co 15.29), etc.

O perigo do partidarismo. Os coríntios enfrentavam dilemas culturais (1 Co 1.10-17). Na igreja de Corinto, os crentes demonstraram preferência por determinados pregadores. Para um determinado grupo, o apóstolo Paulo era o preferido, pelo fato de ter sido o fundador daquela igreja. Para outros, que tinham ouvido o apóstolo Pedro pregar em Jerusalém, esse era o mais aceito. Havia outro grupo que somente deseja ouvir Apolo, "um eloqüente e popular pregador, que tinha um ministério dinâmico naquela igreja" (At 18.24; 19.1). Esses três pregadores possuíam personalidades distintas e, conseqüentemente, atraíam pessoas diferentes. Todavia, Paulo enfatizou que a mensagem de Deus era mais importante do que qualquer pregador. "Examinai tudo. Retende o bem" (1 Ts 5.21).

A Busca da Felicidade

Analisando a letra de uma música: "Felicidade foi se embora e a saudade no meu peito ainda mora...", observa-se, de uma forma resumida, o drama de muitas pessoas: um vazio no peito. No afã de preencher esse "vazio no peito", todas as pessoas procuram incessantemente a felicidade e têm esperança de encontrá-la.

O ser humano é incentivado, por todos os meios, a buscar a "felicidade", ainda que essa felicidade cause a infelicidade ou a desgraça de alguém (Ob 1.12). Esse processo, obviamente, não leva em conta padrões de santidade e de altruísmo. Aliás, Deus nem mesmo é lembrado pelos pretensos especialistas que se dedicam a dar conselhos nessa área (Sl 17.13-15). É uma felicidade egoísta, que coloca o amor ao próximo em segundo plano (Rm 15.1,2; Fp 2.3).

A Bíblia Sagrada nos ensina como obter a verdadeira felicidade (Ec 1.12-15; 12.13,14), bem como obter uma felicidade duradoura (Pv 10.1,2). Das Bem-aventuranças mencionadas por Jesus no famoso Sermão da Montanha (Mt 5.4-10), extraímos sete segredos da verdadeira felicidade:

1. Felicidade é reconhecer que a vida muitas vezes machuca, e saber expressar a dor sem fazer com que outros sofram.
2. Felicidade é ter a certeza da presença de Deus de maneira tão firme que é possível aceitar as humilhações impostas por outros, sem querer revidar.
3. Felicidade é valorizar as coisas que são realmente importantes na vida.
4. Felicidade é lembrar que todos dependemos completamente da misericórdia de Deus.
5. Felicidade é ter um alvo único e nítido, ou seja: agradar a Deus.
6. Felicidade é ter paz interior a ponto de não ser obrigado a projetar os seus conflitos e tensões pessoais em terceiros.
7. Felicidade é estar preparado a pagar o preço que Jesus pagou por andar em um mundo tão cheio de ódio.

A felicidade, por sua vez, é para aqueles que agradam a Deus (Ec 2.26), pois ela consiste em cumprir a sua vontade (Mt 5.3-12), esse é o verdadeiro propósito da felicidade. "Como é feliz o homem que põe no Senhor a sua confiança" (Sl 40.4 – NVI). Eis a fonte da felicidade. A confiança em Deus nos faz andar no seu caminho, conhecer a sua proposta de um mundo mais fraterno, justo e solidário.

Um cristão pode se divertir? No livro de Eclesiastes 11.9—12.8, Salomão deixou bem claro que, para viver a plenitude, devemos seguir a Deus, não com medo de que Ele queira privar-nos de nossa diversão, mas acreditando que Ele deseja fazer de nossa vida algo maravilhoso (Vide *Bíblia do Estudante — Aplicação Pessoal*, editada pela CPAD). O próprio Senhor Jesus nos apresentou uma proposta de vida com qualidade (Jo 10.10b). Os jovens crentes devem desfrutar a vida na sua juventude, desde que não façam algo que, física, moral ou espiritualmente, impeça-os de desfrutá-la quando forem mais velhos. Devem colocar seu vigor à disposição de Deus enquanto ainda o possuem. Esse vigor da juventude não deve ser desperdiçado em atividades sem sentido, que tornam seus hábitos ruins e sua vida insensível à voz de Deus (Vide *Bíblia de Estudo Aplicação Pessoal*, editada pela CPAD). "O coração alegre aformoseia o rosto" (Pv 15.13a).

O Perigo da Auto-realização

A auto-suficiência não é suficiente. Somos todos os dias orientados a perseguir os nossos ideais, sem nunca desistir. Isso até que é bom. Mas, em geral, tais conselhos sugerem que o ser humano é capaz de fazer tudo por si mesmo, sem a ajuda de Deus. Muitas pessoas se esforçam para serem boas, honestas e fazer o que é correto, mas a única maneira para atingir esses objetivos é estarmos como um ramo ligado à videira (Jo 15.5-8).

A frustração da auto-realização. A união entre Cristo e o Pai não permitia que Ele agisse independentemente (Jo 5.19). Existem pessoas que se julgam superiores aos outros. Julgam-se auto-suficientes, dependendo exclusivamente de si mesmas. Na maioria das vezes, experimentam a frustração e o fracasso, conforme exemplos que se seguem:

Tancredo Neves disse: "Se eu tiver 70% dos votos no Congresso Nacional, não preciso nem que Deus me ajude para ser Presidente da República!" Os votos ele conseguiu, mas morreu um dia antes de tomar posse.

O engenheiro responsável pelo projeto de construção do navio *Titanic*, por ocasião da sua primeira viagem, no início do mês de abril de 1912, disse: "Este, nem Deus afunda!" O resultado foi o maior naufrágio de um navio de passageiros do mundo, com 1.522 pessoas mortas.

John Lennon, líder do grupo *The Beatles*, disse: "O cristianismo vai se acabar, vai se encolher, desaparecer". "Hoje", disse ele, "nós somos mais populares que Jesus Cristo". Após ter dito que os *Beatles* estavam mais famosos que Jesus Cristo, Lennon recebeu cinco tiros de seu próprio fã.

Devemos depender do Senhor em tudo (Jo 15.5).

O Amor ao Mundo (1 Jo 2.15-17)

Amar o mundo significa estar em estreita comunhão com ele. Significa dedicar-se aos seus valores, interesses, caminhos e prazeres. É não ter prazer e satisfação naquilo que ofende a Deus e tudo o que se opõe a Ele (Lc 23.35). O amor ao mundo corrompe nossa comunhão com Deus. Isso certamente nos levará à destruição espiritual. O apóstolo João admoesta-nos em 1 Jo 2.15-17:

> Não ameis o mundo, nem o que no mundo há. Se alguém ama o mundo, o amor do Pai não está nele. Porque tudo o que há no mundo, a concupiscência da carne, a concupiscência dos olhos e a soberba da vida, não é do Pai, mas do mundo. E o mundo passa, e a sua concupiscência; mas aquele que faz a vontade de Deus permanece para sempre.

De acordo com o pastor Ron Riffe, nossa natureza caída, que está conosco desde o nascimento, está naturalmente inclinada e preparada para as atrações que nos rodeiam. Nunca antes em toda a história humana isso foi mais problemático do que atualmente, e está ficando cada vez pior! Lembra, ainda, o citado pastor, que os historiadores dizem que uma das principais razões para a queda do Império Romano foi que a maior parte da população desenvolveu um apetite insaciável pelos prazeres e divertimentos. Enquanto as pessoas se divertem, esquecem-se das coisas que realmente são importantes na vida. Esse tipo de comportamento é uma forma de fuga, para não enfrentar as realidades da vida diária. Como os cristãos não são imunes à doença do mundanismo, precisamos reconhecê-la como sendo uma lepra espiritual e evitá-la. É impossível amar o mundo e o Pai ao mesmo tempo (Mt 6.24; Lc 16.13; Tg 4.4).

Em 1 João 2.16, vemos os três aspectos essenciais do mundo pecaminoso: a concupiscência da carne, a concupiscência dos olhos e a soberba da vida. Antes de falar sobre esses aspectos, devemos recordar do significado do termo concupiscência, o qual origina-se do grego *epithumia*, que significa "desejo de qualquer espécie". O contexto em que essa palavra é usada define seu tipo. Com freqüência era termo usado em sentido intensivo, isto é, "ansiar, "anelar", "desejar ardentemente".

Concupiscência é um termo usado teologicamente para expressar os desejos malignos e lascivos que assediam os homens caídos (Rm 7.8; Cl 3.5; 1 Ts 4.5). Não somente as ações voluntárias são pecado, mas os pensamentos intencionais (Gn 6.5; Mt 5.28). A concupiscência só pode ser vencida através do reconhecimento de que a natureza caída em nós está julgada (Rm 8.3); e então devemos passar a andar no Espírito, e deixar que Ele mantenha a lei de Deus em nós (Rm 8.4). Isso significa ter uma vida cheia do Espírito.

A concupiscência da carne refere-se diretamente aos apetites sensuais, aos desejos da carne e pela carne. Concupiscência da carne nada mais é do que a sensualidade, o desejo pelo abominável, por tudo o que é impuro, como glutonaria, bebedeira, a busca de prazeres pecaminosos, a gratificação sensual e as relações sexuais irregulares (1 Co 6.18; Fp 3.19; Tg 1.14). Ela encontra sua ilustração no erotismo que é espalhado por meio de imagens, palavras e voz, pelo mundo do entretenimento e da propaganda. A concupiscência da carne não conhece critério ou norma, somente a satisfação própria. Ela é essencialmente egoísta, irresponsável e autoconsumidora.

A concupiscência dos olhos é ilícita, uma "curiosidade lasciva". Essa concupiscência envolve não somente os olhos, mas também a mente e a imaginação. Ela refere-se à cobiça ou desejo descontrolado por coisas atraentes aos olhos, mas proibidas por Deus, inclusive o desejo de olhar para o que dá prazer pecaminoso (Êx 20.17); Rm 7.7). Ela procura satisfação por meio da mídia, da literatura e da arte. Conseqüentemente, a concupiscência dos olhos inclui o desejo de divertir-se contemplando pornografia, violência, impiedade e imoralidade no teatro, na televisão, no cinema, ou em periódicos (Gn3.6; Js 7.21; 2 Sm 11.2; Mt 5.28). Esse tipo de concupiscência é "a tendência de ser cativado pela exposição exterior das coisas, sem examinar seus verdadeiros valores".

A soberba da vida. O termo grego para soberba é *alazoneia*, que significa "pretensão", "arrogância", "jactância". Significa o espírito de arrogância, orgulho e independência auto-suficiente, que não reconhece a Deus como Senhor, nem a sua Palavra como autoridade suprema. Os homens fazem do próprio "eu", um deus. Gastam tudo quanto possuem, dinheiro e energias, para o próprio "eu". Uma pessoa soberba procura exaltar, glorificar e promover a si mesma, julgando não depender de ninguém (Tg 4.16).

Existe uma paixão egoísta de viver acima dos outros e com conforto e lazer excessivos. Essa paixão conduz a várias formas de ostentação, de impropriedades nas vestimentas e na maneira de viver. O escritor H. H. Farmer, autor do livro *The Healing Cross*, mais precisamente nas páginas 183 e 184, dá um oportuno exemplo de soberba: Esta é a "[...] vida de vanglória — de presunção, de desejo pelo louvor e pela deferência, pelo deleite de ser considerado importante, de exercer autoridade sobre outros, de estar em primeiro plano; todas as vaidades vazias da moda e dos costumes, dos títulos e ofícios; de uniformes e posição, das pequenas imposturas esnobes em cujas coisas os homens caem [...] Não lhes importa que [...] O perverso e pequeno 'ego' quer que subamos no palco, saracoteando, agitando-nos e fazendo poses".

O apóstolo Paulo fez a seguinte advertência: "Não vos conformeis com este mundo" (Rm12.2). O verbo "conformar", no original, significa "ser modelado de acordo com um padrão" e refere-se à constante imitação de uma atitude ou conduta até que a pessoa se torne igual ao modelo. Mesmo a conformação aparente ou superficial com o presente sistema mundial ou qualquer tipo de acomodação com seus costumes será fatal para a vida cristã. O crente fiel deve resistir, combater, e não imitar os padrões de comportamento, a cultura e os valores mundanos.

A palavra mundo, literalmente, quer dizer "era", referindo-se a um sistema ateu. Como servos comprometidos com Deus, não devemos aceitar o modelo de uma era cujo deus é Satanás (2 Co 4.4). Pelo contrário, devemos ser transformados por um entendimento renovado comprometido com os ideais do Reino de Deus. Em 1 Pedro 1.14 vemos aqueles que se conformam com os desejos mundanos.

Estamos no mundo, mas não somos do mundo. Em parte não podemos fugir de sua influência, mas não temos de nos contaminar com ele (Jo 15.19). O Senhor Jesus adverte contra buscar a prosperidade nas coisas do mundo (Mt 16.26). O crente tem sido liberto das armadilhas do sistema do mundo caído, e pode vencê-lo pela fé em Cristo (Jo 5.4,5). Através da presença e do poder do Espírito Santo, que é maior que o Diabo, o cristão vence (1 Jo 4.4).

Fuja do Pecado

É bem provável que você já tenha ouvido a história de um rei que, precisando contratar um novo cocheiro, entrevistou três candidatos. Perguntou ao primeiro:

— Até que distância você é capaz de se aproximar de um abismo perigoso com a carruagem, sem tombá-la?

— Ora, digamos... uns vinte centímetros — respondeu o candidato com muita segurança.

— E você? — perguntou o rei ao segundo.

— Garanto dez centímetros em perfeita segurança — respondeu o outro orgulhosamente.

— E você? — perguntou o rei ao terceiro.

E este espantado com as respostas dos anteriores disse:

— De um abismo, eu quero manter a maior distância possível. Quero passar de longe.

Então, o rei o contratou.

O risco era grande demais, e este é exatamente o ponto que quero deixar claro sobre o envolvimento com o mundanismo. A lição do último candidato acima mencionado nos ensina que no mundo em que vivemos devemos agir com sabedoria e prudência. É grande o número de pessoas que caem, sucumbindo à tentação, e cometem pecados terríveis, justamente porque facilitam, brincando com o perigo. Um grande exemplo bíblico é o caso de Sansão.

Para que resistamos aos apelos do mundanismo, é prudente e oportuno o sábio conselho do apóstolo Paulo dado ao jovem Timóteo: "Mas tu, ó homem de Deus, foge destas coisas e segue a justiça, a piedade, a fé, a caridade, a paciência, a mansidão" (1 Tm 6.11).

16

Cristo - A Única Esperança desta Geração

Disse-lhe Jesus: Eu sou o caminho, e a verdade, e a vida. Ninguém vem ao Pai senão por mim (Jo 14.6).

A esperança está relacionada a outras duas virtudes principais do cristianismo: a fé e o amor (1 Co 13.13). A Bíblia Sagrada, a inerrante Palavra de Deus, afirma que somente em Deus podemos depositar com confiança a nossa esperança (Sl 78.7; 146.5; Jr 17.7; Lm 3.21-26). Ela refere-se à pessoa que aguarda com fé, expectativa e paciência a provisão ou salvação de Deus (Gn 49.18; Sl 39.7; Is 40.31; At 24.15; Hb 10.23; 1 Pe 1.21). "Porque, em esperança somos salvos. Ora, a esperança que se vê não é esperança; porque o que alguém vê, como o esperará?" (Rm 8.24)

O mundo hodierno, mais propriamente a geração atual, procura de alguma forma esperar em alguém ou em alguma coisa (Sl 20.7; Jr 17.5; Is 50.10). Prezado leitor, você tem esperança? Qual é a sua esperança? Onde está a sua esperança? Cristo é a nossa única, gloriosa e linda esperança (Sl 42.5; 40.1; Mt 12.21; 1 Tm 1.1; Cl 1.27).

Cristo é a Solução para as Doenças do Século

Neste capítulo, Cristo é apresentado como a solução para cada problema estudado nos capítulos anteriores.

Em Cristo está o descanso. O jugo é um pesado arreio de madeira que se coloca sobre as espáduas de um ou mais bois. Esse instrumento é atrelado a uma parte do equipamento que os animais devem puxar. Para quem vive neste século difícil e trabalhoso, carregando um pesado jugo de pecado, opressão, perseguição, etc. Jesus liberta o ser humano dessas cargas (Mt 11.28). O alívio que Ele promete é o amor, a cura e a paz com Deus (Sl 37.7; 91.1; Jo 18.26; Ef 3.19; Is 53.4,5; Jo 14.27; Rm 5.1). "Tomai sobre vós o meu jugo, e aprendei de mim, que sou manso e humilde de coração, e encontrareis descanso para a vossa alma" (Mt 11.29).

Em Cristo encontramos alívio para a ansiedade. A ansiedade é angústia, incerteza, aflição, um mal terrível que nos rouba a paz, a alegria, nos torna pessoas tensas e pode até causar doenças físicas, afetando o nosso organismo. "Pois, se nem ainda podeis as coisas mínimas, por que estais ansiosos pelas outras? Buscai, antes, o Reino de Deus, e todas essas coisas vos serão acrescentadas" (Lc 12.26,31).

Em Mateus 6.25, há um mandamento de Cristo nos ordenando a que não andemos ansiosos. Em Filipenses 4.6, o apóstolo Paulo nos exorta a que não andemos preocupados ou ansiosos. Tudo o que causa ansiedade devemos levar ao conhecimento de Deus, pela oração e súplica. O Senhor é fiel e está cuidando de nós com amor, ternura e dedicação (Mt 6.25,26; 1Pe 5.7; Hb 13.5,6; Sl 40.17).

Cristo nos liberta do medo. Do medo causado pelos ataques do inimigo e pela perseguição (Mt 10.28). Do medo causado pela insegurança (Mt 10.31). Sua presença nos dá segurança (Mt 14.27). Cristo nos ajuda a superar o medo do que algumas pessoas possam vir a dizer ou fazer contra nós, de forma que possamos realizar a obra de Deus (2 Tm 1.7).

Cristo nos ergue da depressão. "Vinde a mim, todos os que estais cansados e oprimidos, e eu vos aliviarei" (Mt 11.28). Depressão é o resultado emocional da autopiedade. Da mesma forma como Deus curou os três grandes servos que ficaram deprimidos a ponto de se desesperar da vida e pedir a Ele que lhes permitisse morrer — Moisés (Nm 11.10-15), Elias (1 Rs 19) e Jonas (Jn 4.1-3) — Jesus quer curar você que está deprimido (Mt 11.28).

A solução de Cristo para o consumismo. "Por isso, vos digo: não andeis cuidadosos quanto à vossa vida, pelo que haveis de comer ou pelo que haveis de beber; nem quanto ao vosso corpo, pelo que haveis de vestir. Não é a vida mais do que o mantimento, e o corpo, mais do que a vestimenta?" (Mt 6.25) Jesus recomendou que não devemos ficar ansiosos por causa das nossas necessidades materiais (Mt 6.25). Em vez dessa preocupação, devemos buscar em primeiro lugar o Reino de Deus e a sua justiça, pois Jesus está sempre atento às nossas necessidades diárias (Mt 6.33; Fp 4.19).

Em Cristo, temos tudo que desejamos. Jesus promete satisfazer os desejos de nosso coração, se estivermos "nEle". "Se vós estiverdes em mim, e as minhas palavras estiverem em vós, pedireis tudo o que quiserdes, e vos será feito" (Jo 15.7). Quanto mais perto de Cristo, pela meditação da sua Palavra e comunhão com Ele, mais eficazes serão as nossas orações (Jo 15.7,8). Todavia, devemos pedir que Deus nos ajude a nos livrarmos dos nossos desejos egoístas e a confiarmos nEle, pois é o único que pode nos dar o que realmente precisamos (Tg 4.3).

Cristo é o príncipe da paz. Essa paz não é apenas ausência de guerra, mas também significa prosperidade e o bem estar em vez de necessidades e de tristezas. O reino de Cristo é caracterizado por *shalom*, saúde, bem-estar, prosperidade, felicidade e ausência de inimizade (Is 9.6; Jo 14.27). Há paz onde Cristo está (Jo 20.19). O Espírito Santo, por sua vez, continua comunicando paz e segurança àqueles que confiam no Senhor (Is 26.3,12). A vontade do Senhor é que você sinta uma paz permanente, paz que lhe propicie alegria e um sentimento de propósito em todas as áreas da sua vida (Fp 4.7).

Em Cristo, a nossa alma está segura (Mc 8.34-36). Nada pode nos trazer mais insegurança do que estar à mercê de elementos ao acaso, incertos, aleatórios. Cada dia os homens experimentem engano, falsidade, desonestidade, incertezas, indefinições, decisões precipitadas. Todavia, é confortador sabermos que temos um Deus fiel e imutável em quem podemos depositar nossa confiança (Sl 37.3,5; 118.8; Pv 3.5; Is 26.4). Por causa disso, aquele que nEle crê vive seguro, sereno, calmo, confiante, ousado e corajoso (Sl 32.10; 125.1; Pv 29.25; Is 26.3; 2 Tm 1.2).

O escritor aos Hebreus, ao meditar sobre a esperança, associa a sua principal característica que é a imobilidade, ilustrando-a pela figura de uma âncora (Hb 6.19). O serviço de uma âncora é permanecer fixa no fundo do mar sejam quais forem as condições marítimas. Quanto mais violento o tempo, tanto mais importante é a âncora para a segurança e a estabilidade do barco. A âncora é um símbolo da esperança cristã.

Pelo fato de o escritor transferir seu pensamento acerca do mar para o tabernáculo, supõe-se que o fez como meio de introduzir outra base de esperança, bem mais firme, isto é, em Jesus, o Sumo Sacerdote.

Cristo liberta das drogas. Cristo é Libertador por excelência. Ele oferece o caminho que leva à vida, e não à morte (Is 61.1; Mt 7.14; Lc 4.18; Jo 8.32; Rm 11.26). As pessoas que usam drogas abrem-se à influência demoníaca! É o mesmo que convidar o mundo dos espíritos para começar a influenciar a vida de uma pessoa. As drogas prejudicam o espírito, a alma e o corpo humano. Se você é um cristão, saiba que o seu corpo pertence a Deus, e o Senhor ordena que você cuide bem dele (1 Co 6.19,20; Rm 12.1,2; 3 Jo 1-3).

Cristo é o verdadeiro caminho. Muitas pessoas não apreciam a afirmação de Jesus ao dizer que Ele é o caminho, por acharem que esse "caminho" é estreito demais (Jo 14.6). A verdade inabalável de Cristo se contrapõe às doutrinas diabólicas ou humanas (Jo 1.17; 8.32; 14.6; 17.17).

Cristo, único e verdadeiro Deus. Não importa o que as religiões ofereçam: só Cristo é verdadeiramente Deus (1 Jo 5.20). Creio em um só Senhor, Jesus Cristo, Filho unigênito de Deus, gerado do Pai antes de todos os séculos; Deus de Deus, Luz de Luz, verdadeiro Deus de verdadeiro Deus [...] virá outra vez com glória para julgar os vivos e os mortos, e o seu reino não terá fim (Trecho do Credo Niceno).

O apóstolo João mostra em seu Evangelho as duas naturezas de Jesus: humana e divina. Todavia, apesar de ter tomado forma humana, Jesus nunca deixou de ser o Deus eterno que sempre existiu. Jesus é o Criador e Sustentador de todas as coisas e a fonte da vida eterna (Jo 1.1-3; Hb 1.3). Jesus é o Criador do universo, a suprema revelação de Deus, a Deidade encarnada (Jo 1.14), o retrato vivo da santidade de Deus, o único em quem tudo subsiste (Cl 1.15-17).

Cristo, nosso modelo de perfeição. Em Mateus 5.48, Jesus aponta para a absoluta perfeição do amor de Deus como alvo do crente. A ênfase no mandamento de ser perfeito não se refere a uma natureza moral impecável, mas sim a um amor que inclui a todos e que busca o bem de todos. Em vez de seguir o exemplo dos pecadores que só amam aqueles que os amam, devemos ser como o Pai, amando também aqueles que não nos amam.

Pela ressurreição da morte, Cristo aperfeiçoa a muitos (Hb 2.10; 12.2; Rm 4.25). Cristo, como exemplo de perfeição, deseja que sejamos perfeitos (Ef 4.11-16). A palavra grega aperfeiçoamento *katartismos*, significa uma adaptação, preparação, treinamento, aperfeiçoamento, tornar completamente qualificado para serviço. Na linguagem clássica, a palavra é usada para o ato de fixar um osso durante uma cirurgia.

Jesus, o médico por excelência, agora está fazendo todos os ajustes necessários para que a Igreja não fique "deslocada".

Cristo é a Esperança para o Desiludido

Em Marcos 5.25-34, vemos uma mulher que sofria de uma hemorragia há doze anos. Ela gastou todos os recursos de que dispunha com médicos e remédios, porém sua enfermidade se agravava a cada dia. Essa mulher é um exemplo de uma pessoa desiludida com tudo e com todos. Entretanto, um dia ela determinou que colocaria um ponto final na vida de sofrimento que levava. Venceu todos os obstáculos, aproximando-se do divino médico Jesus e tocou na orla de seu vestido. Sua fé foi recompensada e ela foi curada maravilhosamente, pela virtude que saiu do nosso Salvador.

Pessoas desiludidas. Quem sabe você seja uma dessas milhares e milhões de pessoas desiludidas que habitam este planeta. Alguns exemplos de pessoas que se mostraram desiludidas e desanimadas: Moisés (Nm 11.15); Josué (Js 7.7); Elias (1 Rs 19.4); Jó (Jó 10.1); Davi (Sl 42.6); Jeremias (Jr 15.10); Miquéias (Mq 7.1); os discípulos (Lc 24.17).

Você está desiludido(a)? Quem sabe você está desiludido(a) com muitas coisas e até mesmo com algumas pessoas. Saiba, porém que nessa classe da Escola Bíblica Dominical em que você se encontra neste domingo, Jesus de Nazaré quer se revelar a você como sua viva esperança (Jo 14.18; 15.20,22). Não desanime, nem se desespere, pois quando tudo falha Ele não falha! Ele está aí ao teu lado e deseja estender a sua mão forte, salvadora, benfazeja e poderosa, para te abençoar (Is 61.2; Mt 11.28-30; Lc 7.13; Jo 14.1; 16.33). A Palavra de Deus relata alguns testemunhos de servos de Deus, pessoas como eu e você, que já estiveram desanimadas e sem esperança, mas que experimentaram a agradável sensação de alívio e vitória. Um deles é narrado no livro de Habacuque 3.17-19.

Cristo é a Esperança para o Cansado

A nossa geração é uma geração cansada! A despeito do avanço tecnológico e da ciência, o ser humano está estressado, muito cansado. Em pior situação estão aquele que desanimaram tanto que se cansaram da vida (Ec 2.17; 4.1,2; Jn 4.8). A medicina, por sua vez, tem se empenhado no sentido de proporcionar aos homens e mulheres, alívio, descanso, através de tratamentos especializados, terapias e medicamentos diversos. Porém, o homem permanece ansioso, deprimido, estressado e cansado (Jo 15.20,22).

Cristo é a solução eficaz para os cansados. Graças a Deus que existe uma solução eficaz para o homem cansado desta geração. Aceite o convite de Jesus: "Vinde a mim, todos que estais cansados e oprimidos, e eu vos aliviarei" (Mt 11.28).

Cristo é a Esperança para o Discriminado

O gadareno, símbolo dos excluídos. No Evangelho de Marcos 5.1-20, lemos o relato da vida de um homem completamente oprimido e que vivia à margem da sociedade de seu tempo, totalmente excluído de tudo e de todos. O gadareno, que causava pânico às pessoas, em razão da legião de demônios que estavam em seu corpo, um dia foi encontrado pelo Senhor Jesus, que o libertou dos grilhões de Satanás que tanto o oprimia.

A maravilhosa libertação! Que dia inesquecível aquele em que o endemoninhado foi liberto por Jesus! Agora, não era mais aquele homem esfarrapado, que andava de dia e de noite e que nem mesmo as correntes podiam detê-lo. O versículo 15 o apresenta como uma pessoa completamente normal, vestido e em perfeito juízo, completamente reintegrado à sociedade.

Jesus entende a discriminação e resgata o discriminado. Jesus também experimentou a rejeição, a discriminação (Is 53.3; Sl 118.22,23). Seus irmãos disseram que Ele estava louco e os fariseus o tacharam de endemoninhado. Os moradores de Nazaré quiseram jogá-lo do alto de um precipício, e os de Jerusalém, levaram-no à cruz. Se você se sente rejeitado, discriminado e está sofrendo por causa disso, desabafe, chore, abra o seu coração diante de Jesus, e tenha certeza de que Ele está disposto a ouvi-lo, compreendê-lo e conceder-lhe alívio completo sobre essa situação (Hb 4.15).

Prezado amigo, quem é a sua esperança? Davi, o homem segundo o coração de Deus declarou: "Espera no Senhor, anima-te, e ele fortalecerá o teu coração; espera, pois, no Senhor" (Sl 27.14). Glória a Deus, pois Cristo é a nossa esperança!

17

O Rancor

Sentimentos feridos tornou-se um dos nossos maiores problemas atualmente. Até mesmo os cristãos podem ficar magoados. Não há nada errado em ficar magoado, mas grande diferença é a maneira como se lida com os sentimentos feridos. Ficar magoado já é um grande problema, mas se esses sentimentos feridos não forem tratados da maneira certa, fatalmente causarão rancor. No final, o que vai destruir você é o rancor, e não o fato de você ter sido magoado.

Rancor é a recordação ou demonstração de ressentimento amargo (de ódio e cólera), ou de sentimento vingativo (que quer revidar), reprimido. Outras palavras que descrevem tal sentimento são: imisericordioso, alguém que não perdoa, alguém que tem ressentimento. O rancor também é definido como um sentimento ocasionado por algo que é difícil de aceitar.

A amargura, o rancor, é aquela mágoa negativa de ódio e vingança que entra sorrateiramente no coração quando fomos, ou achamos que fomos maldosamente tratados da maneira errada. É a sensação aguda que afeta o paladar, os sentimentos ou a mente. Se você já teve uma experiência difícil com alguém e ficou zangado e ressentido, e guardou essa sensação dentro de si, sabe que gosto ruim isso tem espiritualmente e como ela desencadeia sentimentos e pensamentos de ódio. Isso é rancor.

Como se Manifesta o Rancor

A tendência do rancor é que ele não para. Ele pode iniciar apenas como uma pequena semente de mágoa e sentimentos feridos, que cresce, infecciona, transformando-se em algo extremamente perigoso. De acordo com Jim Henry, o rancor se manifesta de três maneiras distintas: *contra Deus*, *contra os outros* e *contra si mesmo*.

> Primeiramente, *contra Deus*. Você pode ficar rancoroso com Deus quando perde um ente querido, quando um amigo o trapaceia e você perde dinheiro, quando o chefe não lhe dá a promoção que você realmente merece, mas dá a outra pessoa, ou quando o seu marido deixa você por outra mulher, ou a sua esposa deixa você por outro homem.
>
> Você fica zangado e pensa: *Jesus, se o Senhor me ama tanto, por que é que me aconteceu isto? Se o Senhor responde à oração, por que não respondeu à minha? Ou o Senhor não tem poder suficiente, ou não se importou o suficiente. Seja como for, eu estou zangado com o Senhor!*
>
> Em segundo lugar, *contra os outros*. Pode estar num filho que decide se rebelar contra os pais, fugir de casa porque acredita que não o tratam bem. Pode estar numa esposa que diz: "Eu vou ter um esgotamento nervoso se o meu marido continuar me tratando assim, então vou descontar".
>
> Pode ser o caso de uma pessoa que pensa: *Tudo bem, se eu lhes perdoar pelo que me fizeram, isso não seria justo. Eles não merecem ser perdoados. Vou continuar com isto mais algum tempo, e talvez em algum ponto eles vejam o que me fizeram e lhes aconteça algo.*
>
> Nós não podemos nos dar ao luxo de nos agarrarmos ao rancor e ao ressentimento contra os outros, porque isso só torna a raiz de outros problemas.

A terceira maneira pela qual o rancor se manifesta é *contra si mesmo*. Esse tipo de rancor pode se manifestar na incapacidade de se perdoar, apesar de Deus ter lhe perdoado. Você carrega o fardo até dizer: "Eu mereci, mas sou forte para agüentar, e vou simplesmente carregar isto e cuidar do assunto sozinho". O orgulho egotista se prende ao seu coração e você recusa o perdão de Deus e dos outros.

Isso também pode fazer você viver em autocomiseração. Você pensa: *Tudo bem, eu mereço. Deus está querendo me castigar. Eu não deveria ter feito isto ou aquilo, e agora eu mereço o que estou ganhando, e simplesmente vou ter que ser um mártir e agüentar.* Então você vai aos trancos e barrancos pela vida, alimentando um amargo ressentimento e rancor contra Deus ou contra outra pessoa. Você carrega isso até fazer a sua vida e a dos outros à sua volta, ficar uma desgraça. Por quê? Porque você nunca fez algo a respeito do seu rancor. A Bíblia diz: "Cuidado com essa raiz de amargura" (Hb 12.15).

A Localização do Rancor

A Bíblia Sagrada, a Palavra de Deus, nos faz a seguinte advertência: "Tendo cuidado de que ninguém se prive da graça de Deus, e de que nenhuma raiz de amargura, brotando, vos perturbe, e por ela muitos se contaminem" (Hb 12.15). Uma raiz geralmente está localizada debaixo do solo. Nós não podemos vê-la, mas ela está lá. As raízes fazem as ervas daninhas crescerem, quer haja sombra quer luz do sol, e não se consegue acabar com elas. Essas ervas daninhas crescem por cima de tudo, até de tijolos.

A raiz de amargura, uma vez instalada, não somente compromete o bem-estar da pessoa, como também se entrelaça no *modus vivendi* das pessoas com as quais nos relacionamos no nosso cotidiano. Penso ser apropriado lembrar, a declaração feita pelo pastor Tito Oscar Almeida Júnior, em seu livro *Tortura nunca mais — Uma Abordagem Diferente sobre o Perdão*, com relação à metáfora utilizada pelo escritor da Epístola aos Hebreus:

> É fácil deixar medrar no coração essas plantas venenosas. Uma pequena contrariedade, um mal-entendido ou uma palavra impropriamente colocada pode adubar o coração e prepará-lo para receber esta raiz de amargura.
>
> Como as raízes se alastram prendendo a árvore no solo, assim também a amargura envolve o espírito da pessoa com insegurança e mágoas, provocando

profundos sentimentos de culpa. A mente fica bloqueada e os pensamentos passam a ser administrados por um espírito de desforra e vingança.

O rancor pode ser comparado a um inimigo invisível que cresce como um tumor na sua cabeça e no seu espírito. Só porque não vemos, não significa que não esteja lá. O rancor, portanto, é o fruto da ira que ainda não foi colhido, e com o tempo ele aparecerá. "Sentireis o vosso pecado, quando vos achar" (Nm 32.23).

O Rancor brota e Causa Problemas

A Bíblia Sagrada afirma que a raiz do rancor brotará, e, quando isso acontecer, o que ela fará? Produzirá coisas boas? Produzirá alegria? Produzirá amor? Produzirá paz? Absolutamente não! Quando tratado de forma inadequada, o rancor causa sérios problemas na vida das pessoas.

Problemas físicos. Em seu livro *None of These Diseases* (Nenhum desses Males), S. I. McMillan afirma que o rancor, a amargura, a ira, podem se manifestar em pelo menos 50 tipos de doenças. O Dr. Normal Wright, professor de Fisiologia da Universidade de Biola e escritor cristão, concorda com McMillan, quando diz: "Deus nos fez com um tubo com mais ou menos nove metros de comprimento, que começa na nossa garganta e vai até ao nosso reto (canal alimentar). Esse tubo comprido, quando é perturbado pelo rancor e pela ira, causa coisas como por exemplo colite, diarréia e úlcera".

Problemas na mente. O rancor é, na realidade, uma ira transferida. Às vezes ficamos zangados com as coisas, com pessoas e outros objetos, sem saber que isso provém do rancor. Toda a nossa energia e mente ficam propensas à ira, e nos sentimos afetados mentalmente. Ficamos sem alegria, sem criatividade, com tensão nervosa, por causa do rancor.

Problemas espirituais. Quando não resolvemos o problema do rancor, também somos afetados espiritualmente. Há pelos menos duas maneiras pelas quais uma pessoa pode ser afetada nessa área: incapacidade de aceitar o amor de Deus e duvidar do seu relacionamento com Deus. Ray Burke, em seu livro *Anger— Diffusing the Bomb* (Ira: como desarmar a bomba), diz que quando tratou de pessoas que duvidavam do amor de Deus por elas, em algum ponto de suas vidas ele descobriu que elas guardavam rancor de Deus, de si próprias ou de outra pessoa. Quando tratou e resolveu esse problema de rancor, a pessoa voltou a ter capacidade de aceitar o amor e o perdão de Deus.

Para melhor compreensão das áreas afetadas pelo rancor, torna-se necessário trazer à lembrança a explicação sobre a triunidade humana. De acordo com 1 Coríntios 5.23, o homem se compõem de três substâncias: espírito, alma e corpo: "[...] e o vosso espírito e alma e corpo, sejam conservados íntegros".

O *corpo* pertence ao nível fisiológico. Ele tem como finalidade contatar com as coisas da esfera material. É o invólucro ou a bainha da alma. É a parte mais superficial.

A *alma* é a *psique*, a parte psicológica. Sua finalidade é de contatar com as coisas do mundo psíquico. Ela se expressa e se comunica com o mundo exterior através do corpo.

O *espírito* consiste na parte mais profunda do homem, pertencendo ao nível espiritual. O espírito foi formado pelo Criador na parte interna da natureza do homem, capaz de renovação e desenvolvimento (Sl 51.10). Ele tem como finalidade contatar as coisas de Deus.

Como Identificar o Rancor

Segundo Bill Gothard, uma pessoa extremamente rancorosa apresenta as seguintes características:

1. Elas demonstram falta de interesse pelos outros. Uma pessoa rancorosa preocupa-se pouquíssimo com os outros.
2. São sensitivas e melindrosas. Por exemplo, se uma pessoa rancorosa entra numa sala onde duas pessoas estão conversando e estas se calam quando ela entra, a pessoa rancorosa pensa: "Estão falando de mim".
3. Elas ficam muito possessivas com apenas alguns poucos amigos, e raramente têm amigos íntimos. Também têm um medo fora do normal de perder os seus amigos.
4. Têm a tendência de evitar conhecer novas pessoas.
5. Demonstram pouca ou nenhuma gratidão.
6. Geralmente fazem lisonjas sem sinceridade ou fazem críticas duras.
7. Ficam ressentidas com os outros, freqüentemente durante muito tempo. É extremamente difícil elas perdoarem.
8. Freqüentemente são teimosas ou ficam amuadas.
9. Geralmente não estão dispostas a compartilhar nem a ajudar ninguém.

10. Acabam tendo sensações extremas de gênio — estão superfelizes e, um minuto depois, estão deprimidas de tal forma e tão "para baixo" que só alcançam o chão se levantarem o braço.

O Arquivo da Mente

Continuando sua abordagem sobre mágoa e rancor, Gothard diz que quando alguém está rancoroso, enfoca o que "aquela pessoa horrível" lhe fez. Segundo ele, você arquiva o nome dela da seguinte forma: "Maldades que esta pessoa me fez". Ora, isto é um arquivo bem grande, e cada vez que aquela pessoa faz a mínima coisa que magoa ou incomoda, você arquiva isso com o restante das mágoas. Geralmente temos mais de um arquivo.

Uma das causas do rancor constante ou persistente é que tentamos equilibrar a culpabilidade com culpar. Dizemos: "Bem, eu estou errado, mas eles são piores. Eu tenho uma boa razão para estar rancoroso. Você não sabe o que eles me fizeram". É assim que tentamos aliviar nossa consciência.

Muitas pessoas usam o rancor para se vingar. É por isso que às vezes nos prendemos à vingança. "Vou lhe mostrar, e você vai se arrepender". Mas quem é que vai se arrepender primeiro? É você que está se matando!

Para Bill Gothard, o rancor, além de provocar dor espiritual e emocional, muitas vezes afeta o corpo físico, por meio de mil e um tipos de problemas de saúde, como por exemplo, úlceras e pressão alta. As pessoas que têm amargura muito profunda, nem conseguem desfrutar uma boa refeição. Elas se sentam para comer, mas não conseguem pensar em outra coisa a não ser na pessoa que as magoou; é como se estivessem comendo papelão.

O que a Bíblia Diz sobre o Rancor

A Palavra de Deus nos adverte contra os perigos do rancor.

Esteja atento contra isso, porque até mesmo uma pequena raiz de amargura (rancor) pode causar muito dano a você e aos outros (Hb 12.15). O rancor é um pecado do qual devemos nos arrepender (At 8.22,23). Os maridos devem amar suas esposas e não tratá-las com amargura (Cl 3.19). Ter rancor não é motivo de orgulho (Tg 3.14).

Não guarde rancor, substitua-o por amor, amabilidade e perdão (Lv 19.18; Ef 4.31,32; Mt 6.14,15; Mt 18.23-35; 1 Pe 4.8). Se você permitir que o rancor habite no seu coração, ele eventualmente se manifestará através das suas palavras, como murmuração e queixas (Jó 7.11; Rm 3.14b; Mt 12.34b). O Senhor, no seu amor, pode libertá-lo do pecado do rancor (Is 38.17).

Já que o rancor vem de sentimentos de cólera e de uma atitude de não perdoar aos outros, a Palavra de Deus nos ensina como podemos evitá-lo. (Vide outras referências em Ef 4.26b,27; Mt 5.23,24; Mc 11.25; Cl 3.13; Fp 3.13; Rm 12.2; Ef 4.23; Rm 8.28.)

Como ser Liberto da Armadilha do Rancor

A oração do Pai Nosso diz: "[Deus] perdoe as minhas ofensas assim como eu perdôo aos outros". O que leva as mágoas e os sentimentos feridos a se transformarem em rancor é deixar de aceitar a ajuda que Deus pode dar na hora em que somos magoados. Perdoar uma pessoa não significa fingir que não está magoado. Isso não é cristianismo, isso é loucura. Você precisa ser sincero consigo mesmo e admitir que realmente ficou magoado.

Ainda, Bill Gothard ensina, de maneira prática e objetiva, como podemos superar os nossos sentimentos feridos e nos livrarmos da armadilha do rancor:

> Ore e peça a Deus para perdoá-lo por seu rancor e espírito que não perdoa. Isso não é algo complicado, mas talvez custe. Pare para fazer uma lista de como você magoou o Senhor e os outros, e deixe o Senhor partir o seu coração. Peça perdão a Deus por essas coisas, uma por uma, e, depois que terminar, pegue a lista e rasgue-a. É uma boa sensação. Queime-a, se quiser.
>
> Destrua seus arquivos. Você se lembra daquela lista de coisas que outros fizeram para magoá-lo? Abra os arquivos da sua mente, pegue todas as fichas e livre-se delas. Rasgue a sua lista e queime-a. Você precisa entregar tudo a Deus. Perdoar é abrir o arquivo diante de Deus e perdoar as dívidas. "Não vou mais ficar com isso contra eles. Nem vou ter isso arquivado." Nada de arquivo. É isso o que Deus faz com você. Você quer que Ele se lembre e cobre outra vez todas as dívidas das quais lhe perdoou? É claro que não, então você faça o mesmo.

Em Mateus 6.14,15, lemos o seguinte: "Pois se perdoarem as ofensas uns dos outros, o Pai celestial também lhes perdoará. Mas se não perdoarem uns aos outros, o Pai celestial não lhes perdoará as ofensas"

(NVI). Essa é uma escolha que você precisa fazer para aceitar quando Deus lhe oferece perdão. O que é que você vai fazer?

Charles Stanley, em sua obra *La Paz del Perdon*, sugere seis passos que podem levar uma pessoa a se livrar do rancor, da amargura. São eles:

1. Escreva uma lista mostrando os motivos que provocaram amargura em seu coração.
2. Escreva uma lista de suas própria faltas.
3. Escreva uma lista de tudo o que você fez de errado e de como foi perdoado por Deus.
4. Peça a Deus para ajudá-lo a ver a pessoa que lhe ofendeu como um instrumento de edificação para a sua própria vida.
5. Peça a Deus perdão pela amargura que você ainda sente pela pessoa em questão.
6. Decida em seu coração arrancar todo sentimento errado e assuma essa responsabilidade diante de Deus.

Essa é uma decisão personalíssima, isto é, somente você pode tomar. Ignorar esse fato é o mesmo que deixar a raiz de amargura crescer e destruir a sua vida. Decida agora mesmo e arranque de uma vez por todas essas raízes daninhas que tanto mal têm causado à sua vida! Faça isso em nome de Jesus.

18

O Ressentimento

Vem do latim *resento*, que significa, basicamente, voltar a sentir. A palavra ressentimento é composta por *re* + *sentimento*, ou seja, "sentir novamente". Quando ficamos ressentidos, permitimos que as emoções negativas que sentimos no momento de uma mágoa — numa desilusão, uma traição — voltem à nossa memória muito tempo depois que a situação passou, e intoxiquem o nosso corpo com o seu veneno repetidas vezes.

Os casais geralmente são especialistas em ressentimento. Eles ficam sondando o depósito de lixo do passado em busca de pontos de discórdia que possam usar para ferir o outro. Eles têm prazer em deliberadamente se atacarem com erros passados e cutucarem feridas antigas. O Dr. James Stringham, clínico geral por quinze anos e psiquiatra por vinte e sete anos, considera o ressentimento como um "câncer da personalidade que é tão mortal como qualquer tumor físico".

O ressentimento pode ser um grande problema, pois além de deixar uma pessoa infeliz, pode deixá-la doente. Em alguns casos, exames médicos têm indicado que o ressentimento é um fator acentuado numa doença. Um médico disse sobre um de seus pacientes: "Ele poderia ter saúde, se se desfizesse do ódio que tem no coração".

Como se livrar do ressentimento

Stringham ensina cinco técnicas que, segundo ele, já ajudaram muitas pessoas a se livrarem do ressentimento. Preliminarmente, recomenda o seguinte procedimento:

> Pergunte-se: tenho ressentimento? Eu desejo descontar em alguém? Pensar em alguns acontecimentos passados deixa-me fervendo por dentro? Lembre-se de que o ressentimento pode estar disfarçado, até mesmo para nós, principalmente quando é em relação a alguém por quem também sentimos — ou deveríamos sentir — amor. É mais seguro ficar zangado com um chefe que exige demais de nós do que com um pai que esperou demais de nós. Peça a Deus para ajudá-lo a localizar as raízes dos seus sentimentos.

Vejamos, agora, as técnicas preconizadas pelo referido profissional:

1. Faça uma lista de todas as boas qualidades e pontos fortes da pessoa com quem você está ressentido(a).
2. Tente ver por que a pessoa agiu da maneira que deixou você ressentido. Muitas vezes, entender isso é o primeiro passo para o perdão. Pergunte-se se ela faz essas coisas deliberadamente para magoá-lo. Se você estivesse no lugar dela, teria agido de maneira diferente, sob as mesmas circunstâncias?
3. Assuma um compromisso mais ou menos assim: "Senhor, sei que as minhas reações para com esta pessoa estão erradas, porque elas violam a sua lei de amor. O que ela fez não vem ao caso. Quero mudar os meus sentimentos, mas não consigo com a minha própria força. Quero entregar a minha pessoa e todas essas reações ao Senhor. Ensine-me a perdoar como o Senhor perdoa".

4. Só vá dar à pessoa a boa notícia de que a perdoou depois que não sentir mais ressentimento no coração. Eu me lembro de uma paciente que estava lutando para perdoar ao seu marido por um ato de infidelidade no princípio do casamento. Um dia ela me trouxe, triunfantemente, uma cópia da carta que já tinha, infelizmente, entregue a ele. "Querido Alex", começava a carta. "Venho por meio desta perdoar a você..." E depois disso tinha uma lista enorme de todos os defeitos e erros de Alex. Era óbvio, até mesmo para ela quando releu a carta, que exprimia mais vontade de magoá-lo do que de perdoá-lo.
5. Peça ao Espírito Santo para encher você com amor pela pessoa. Se você fizer isso persistente e sinceramente, vai ver que os pensamentos explosivos, irados e vingativos aos poucos serão substituídos por interesse sincero e consideração — e você terá um ambiente muito melhor no qual viver.

Existem outras maneiras pelas quais as pessoas podem se livrar das conseqüências maléficas do ressentimento: por meio da oração e do perdão.

01. *Livre-se do ressentimento por meio da oração*

Comece a orar e continue orando até que o ressentimento tenha acabado. Um homem disse que orou 167 vezes até o seu ressentimento passar! Mas passou, e nunca mais voltou. Talvez seja por isso que a Bíblia Sagrada diz: "Orai sem cessar". Trata-se de um processo simples, porém eficaz. Quando o coração e a alma estão cheios de oração, não haverá espaço para ressentimento.

Ore pedindo graça para orar pela pessoa com quem você está ressentido(a). Isso é importante, pois no princípio desse processo, você talvez se sinta um hipócrita em orar por ela. Mas se orar para ter a graça para fazer isso, você se sentirá elevado a um novo nível e vai poder orar com sinceridade. Ore com certeza, de todo o coração, humilde e sinceramente, mencionando o nome da pessoa com que estiver ressentido(a).

02. *Livre-se do ressentimento por meio do perdão*

Perdão é o ato de remir alguém de uma obrigação que lhe deve como resultado de algo errado que lhe fez. Por exemplo, uma dívida é perdoada quando você desobriga o seu devedor de pagar o lhe deve. De modo que o perdão envolve três elementos básicos: dano, uma dívida resultante de um dano e o cancelamento da dívida. Devemos perdoar aos outros e a nós mesmos.

Perdoar aos outros

Conforme ensina Charles Stanley, o perdão é um ato da vontade que envolve cinco passos:

> *Nós somos perdoados.* Precisamos reconhecer que fomos totalmente perdoados por Deus. Depois que entendemos a gravidade do nosso pecado e como ele nos distanciou de Deus, e depois que vemos um relance do sacrifício que Deus fez em recuperar o convívio conosco, não deveríamos hesitar em nos envolver no processo de perdoar aos outros.
>
> *Perdoar a dívida.* Temos que isentar a pessoa da dívida que achamos que tem para conosco por causa da ofensa. Isso significa que devemos fazer um embrulho mental de todos os nossos sentimentos hostis e entregá-los a Cristo.
>
> *Aceitar as pessoas.* Devemos aceitá-las como elas são e isentá-las de qualquer responsabilidade de agir como queremos. De acordo com esse autor, certas pessoas podem alegrar ou acabar com o seu dia, dependendo de quanta atenção dão a você. Quando decidimos, por vontade própria, perdoar, absolvemos os outros de qualquer responsabilidade em relação à nossa condição.
>
> *Veja os outros como instrumentos para você crescer.* Precisamos considerar as pessoas a quem perdoamos como instrumento na nossa vida para ajudar no nosso crescimento e para entendermos a graça de Deus. José perdoou seus irmãos por tudo que lhe fizeram. Ele os considerou instrumentos de Deus para levá-lo ao Egito e ser colocado numa posição de tal poder que pôde salvar a sua família quando a fome destruiu todas as safras.
>
> *Faça reconciliação.* Precisamos nos esforçar para voltarmos ao convívio com as pessoas que nos magoaram. Depois que perdoamos completamente, é muito mais fácil se reconciliar.

Lembre-se de que o perdão beneficia você. Pode ser que a pessoa nunca mude o seu modo de agir. Fica por conta de Deus, não de nós, mudar essa pessoa. É nossa responsabilidade nos livrarmos da pressão e do peso de uma atitude de não perdoar.

Perdoar a nós mesmos

Muitas vezes a falta de tranqüilidade pode ser conseqüência de não nos perdoarmos pelos erros que fizemos. Como é que nos perdoamos? Independentemente de quanto tempo tenhamos ficado presos, podemos ficar livres se seguirmos os quatro passos indicados por Stanley:

> Admitir o problema. Precisamos encarar o fato de que ainda estamos nos algemando. "Senhor, eu sei que não me perdoei e que por isso estou algemado."
>
> Arrepender-se do pecado. Precisamos nos arrepender do pecado pelo qual não nos perdoamos. E precisamos agradecer a Deus pelo seu perdão, confessando-lhe o nosso pecado. "Eu lhe agradeço, Jesus, pelo perdão por eu ter me mantido algemado, por ter me afastado do Senhor e por ter limitado o quanto o Senhor me usou."
>
> Confirmar a confiança. Precisamos confirmar que confiamos no testemunho das Escrituras: "Quanto está longe o Oriente do Ocidente, assim afasta de nós as nossas transgressões" (Sl 103.12). "Senhor, eu confirmo a minha confiança e a minha fé na tua Palavra."
>
> Confesse a liberdade e tome a decisão de aceitá-la. "Senhor, de livre e espontânea vontade, pela fé, eu quero neste momento me perdoar, porque o Senhor já me perdoou. Eu aceito o meu perdão e tomo a decisão de, a partir deste momento, ficar livre de tudo que guardei contra mim mesmo. Confirme a minha liberdade através do poder e da presença do Espírito Santo. Amém!"

Charles R. Swindoll, apresenta uma solução para o problema de ressentimento, que segundo ele, não é complicada; é apenas dolorosa. Em primeiro lugar deve haver honestidade, isto é, a pessoa precisa admitir que o ressentimento existe. Em segundo lugar, é preciso demonstrar humildade, ou seja, é preciso confessar o ressentimento perante Jesus, que morreu pelos seus pecados. Swindoll acrescenta que pode ser até mesmo necessário que a pessoa se retrate a todos aqueles que ofendeu com a sua amargura rancorosa. Finalmente, a solução para o ressentimento requer vulnerabilidade, o que significa ter uma disposição para manter a submissão à reprovação regular de Deus e uma atitude genuinamente maleável e desprotegida. (*Crescendo nas Estações da Vida*)

Você continua incapaz de perdoar a alguém que o magoou profundamente, e ainda tem cicatrizes? Quanto tempo você vai continuar prisioneiro da sua própria atitude de não perdoar? Jesus pode lhe dar o poder para perdoar, para ser curado e para ser libertado do veneno do rancor e do ressentimento.

O general Robert E. Lee, depois da Guerra Civil americana, visitou uma casa particular em Kentucky. A dona da casa mostrou um tronco de árvore sem galhos, todo machucado que estava no jardim e disse: "Antes de o exército da União passar por aqui, era uma magnólia linda e majestosa. Aí a acertaram com as suas bombas, e só restou isso. O que o senhor acha disso?" Ela esperava que o general se condoesse dela e criticasse o exército da União. Mas, em vez disso, ele olhou para ela e disse uma só frase: "Corte a árvore e esqueça o assunto".

Caro leitor, você tem algumas árvores de rancor na sua vida? Amargura contra Deus? Amargura contra os outros? Contra si mesmo? Corte-as e esqueça. Resolva lidar com o seu espírito amargurado.

> *Livrem-se de toda a amargura, cólera e ira, brigas e calúnias, junto com todos os tipos de maldade. Sejam gentis e compassivos uns com os outros, perdoando uns ao outros, como Cristo perdoou vocês (*Ef 4.31,32*).*

19

Outras Doenças (Modernas) da Alma

Dentre as principais doenças modernas, como já vimos, temos a depressão, estresse, fobia, ansiedade, etc. Nos dias atuais, não é raro conhecer alguém que tenha sofrido de algum desses males. Conhecidos como transtornos da mente — e divididos em três categorias: transtornos afetivos, de ansiedade e alimentares — eles estão cada vez mais presentes no nosso cotidiano e já são identificados como as doenças da vida moderna. Vejamos algumas delas:

Transtorno Bipolar do Humor (Antiga Psicose Maníaco-depressiva)

O paciente alterna episódios de euforia (mania) e episódios de depressão, com épocas de normalidade. Na euforia, que pode durar dias, semanas ou meses, o humor fica exaltado, "para cima", de forma desproporcional ou sem relação com eventos da vida. Durante o período, o paciente pode, por exemplo, provocar brigas, perder o emprego e os amigos.

Sintomas da euforia: ausência ou prejuízo do senso crítico e da capacidade de avaliar objetivamente as coisas; irritabilidade, impaciência; pensamentos acelerados, fala rápida e contínua; idéias de grandeza; gastos excessivos; desinibição exagerada; aumento da libido; redução da necessidade de dormir.

Tratamento: Fase aguda

Depressão: antidepressivos

Euforia: lítio, ácido valpróico (estabilizadores de humor), antipsicóticos e tranqüilizantes.

Fase de manutenção (preventivo): estabilizadores de humor

(*Isto É*, nº 1.571, de 10/11/1999 – Thiago Lotufo)

Transtorno do Pânico

É marcado pela presença recorrente de ataques de pânico. Os ataques são crises de ansiedade repentinas, caracterizadas por uma sensação de mal-estar e perigo ou morte iminente, que surgem sem motivo e podem ser desencadeadas em situações específicas, como num show, no trânsito ou num avião.

Depois de uma crise que, em geral, passa em 20 a 40 minutos, o paciente pode ficar com medo de que ela volte a acontecer. Isso pode impedi-lo de ir a lugares onde já teve o ataque e, nos casos mais graves, até de sair de casa.

Sintomas: tensão, medo de perder o controle, tremores, sensação de falta de ar, taquicardia, sudorese, formigamento.

Tratamento: antidepressivos, remédios à base de benzodiazepínico (ansiolítico) e psicoterapia.

Eutima

A palavra grega *eutimia* significa equilíbrio do humor (eu = normal; timo = humor). A partir da última CID (Classificação Internacional das Doenças), aparece o termo Distimia (dis = alteração) classificado como um dos tipos de Transtorno Persistente do Humor, onde a principal característica é a tendência constitucional do paciente em viver sob uma tonalidade afetiva tendendo à depressão, durante a maior parte do tempo. Por isso está incluída nos transtornos ditos Persistentes.

Doenças Psicossomáticas

As doenças psicossomáticas são aquelas que têm um componente psíquico. São a manifestação das doenças orgânicas provocadas por problemas emocionais, nervosismo, depressão, etc. Quando somatizamos, temos a consciência de que forçamos além da conta uma emoção. Daí as conseqüências como um resfriado, uma diarréia, um herpes, uma enxaqueca...

O corpo expressa, põe para fora as emoções, que por vezes escondemos de nós mesmos, por meio de gestos, mímicas, contraturas, calor, tremor, dores de barriga, sustos, travamento dos dentes, enfim, tantas e tantas demonstrações físicas.

Regina Meister, assistente social, diz que o nosso corpo reflete o que pensamos e sentimos. Quando reprimimos as nossas verdadeiras emoções, elas vão ficando represadas, machucando-nos profundamente. A represa cheia extravasa por algum lado, costumando explodir em algum órgão mais sensível do nosso corpo. "Exigimos tanto de nosso organismo, que num determinado momento ele avisa: 'Chega! Agora não dá mais! Dá um tempo! Pare! Socorro!' Se não observarmos os sintomas internos, eles podem agravar-se e nos afastar do trabalho, da família, dos amigos e até mesmo das pessoas que mais amamos."

De acordo com José Moromizato, médico que hoje é considerado um dos grandes incentivadores da medicina psicossomática, desde a fase intra-uterina, todos os eventos são processados pela mente. Os fatos são interpretados pelo consciente como positivos ou negativos e memorizados pelo inconsciente. O problema, segundo Moromizato, é que a maior parte das notícias é ruim, o que vai aumentando a carga negativa. A sobrecarga faz a pessoa ficar nervosa, agressiva, e até adoecer.

Alerta o especialista que também podem existir outras causas que determinam estas doenças, mas que, de acordo com seus estudos e com base em análises científicas, cerca de 80 a 90% de tudo o que ocorre no nosso corpo e no nosso comportamento é em conseqüência dos fatos negativos que ficam gravados em nosso inconsciente.

Para ele, o acúmulo de informações negativas pode gerar quatro situações: choro, nervosismo ou agressividade, dependência de substâncias ou doenças:

1. *Depressão:* a pessoa está constantemente angustiada e triste. Tem que chorar bastante para se sentir aliviada, mas o choro não adianta, porque a gravação do evento desagradável na memória não se apaga por si só.

2. *Agressividade:* o indivíduo torna-se intolerante e agressivo. Pode, também, ficar tenso, nervoso, eternamente insatisfeito.

3. *Doença:* a pessoa pode somatizar, criando moléstias no corpo.

No aparelho circulatório, o infarto e a pressão alta.

No aparelho respiratório, a bronquite e a asma.

No aparelho digestivo, a gastrite, a colite e a úlcera.

No aparelho endócrino, pode ocorrer propensão para ganhar peso.

No aparelho genital, a impotência ou a frigidez.

No aparelho locomotor, a dor na coluna ou no corpo de modo geral.

4. *Dependência:* o indivíduo busca alívio no álcool, nas drogas e nos medicamentos. Essas substâncias bloqueiam o consciente, causando melhora temporária, visto que o indivíduo se esquece do problema. Contudo, com o fim do efeito e a volta da lembrança, a pessoa fica novamente deprimida e, não raro, retorna às drogas, dando início a um ciclo vicioso.

Emoções em exagero, tais como nervosismo, tensão e ansiedade, podem ser responsáveis por doenças psicossomáticas. Conhecidas há mais de um século, as doenças psicossomáticas podem influir na saúde do corpo de maneira intensa. O mecanismo que faz surgir a doença é aparentemente simples: o cérebro possui uma região chamada hipotálamo, diretamente ligada a uma glândula — a hipófise. Essa glândula, localizada bem embaixo do cérebro, produz hormônios que praticamente controlam todas as funções do organismo. Como o hipotálamo é uma espécie de antena captadora das emoções e sentimentos mais intensos, essas emoções acabam alterando o funcionamento do hipotálamo e sua relação com a hipófise. O resultado é quase sempre catastrófico: doenças respiratórias, de pele, circulatórias e gastrointestinais causadas ou agravadas pela tensão nervosa.

O processo é particularmente grave nos adolescentes. Eles desenvolvem desde uma simples acne até casos de câncer, fazendo chegar ao organismo alterações emocionais provocadas por conflitos familiares. O problema tende a se agravar com o tempo. É necessário o atendimento psicológico para que a pessoa reconheça e compreenda que a origem de suas dificuldades está nos distúrbios emocionais.

Cefaléia – Entre os vários sintomas causados ou agravados por distúrbios psicológicos está a cefaléia. A causa principal é uma contração crônica da musculatura facial e cervical posterior.

Gastrites e Úlceras – Tanto a gastrite quanto a úlcera do duodeno são doenças profundamente ligadas ao estado emocional da pessoa. Uma das causas do distúrbio é uma elevação da quantidade de ácido clorídrico produzido pelo estômago, que passa a corroer a parede do próprio órgão. Os sintomas são dor de estômago, azia, enjôo e sensação de peso na barriga.

Asma e Bronquite – A dificuldade respiratória que um asmático sente provém de um estreitamento do calibre dos brônquios, o que impede a passagem do ar para os pulmões. A doença evolui através de crises e quase sempre é causada por fatores hereditários e alérgicos. O estresse agrava o quadro.

Dermatite Seborréica, Acne e Eczemas – É difícil acreditar, mas a caspa e a acne estão também relacionadas com a tensão nervosa. Tanto uma como a outra são manifestações que fazem as glândulas da pele produzirem secreção oleosa em excesso. Os eczemas que provocam vermelhidão e descamação da pele pioram muito quando a pessoa está angustiada ou ansiosa. Muitos médicos acreditam que o estresse seja uma das principais causas do eczema.

Tensão Pré-Menstrual e Cólicas – A tensão pré-menstrual ocorre no período de três até quatorze dias antes da menstruação. Essa fase corresponde à elevação de hormônios femininos na circulação. Um dos sintomas mais característicos da tensão pré-menstrual é a retenção de líquidos, que dá origem a um grande mal-estar, cansaço, dores no seio e náuseas. Muitas vezes o problema é acompanhado de depressão e de nervosismo intensos. Para muitos estudiosos, estes problemas estão ligados a fatores psicossexuais, além é claro, das alterações hormonais.

Hipertensão Arterial – Esta pode ser a doença mais sujeita às alterações por interferência de fatores emocionais. A hipertensão pode ter causas desconhecidas ou origina-se de doenças dos rins ou do coração. Este é um mal que atinge mais de 15% da população brasileira. O perigo é o não reconhecimento do mal, pois seus sintomas podem ser confundidos com os de outras doenças.

São geralmente a dor de cabeça, tontura, zumbidos nos ouvidos, cansaço e fraqueza. Se você se encaixa neste perfil, vive mais que intensamente as emoções, e se abala por muito pouco, procure a orientação de um médico (Copyright © 2006 Bibliomed, Inc.).

Déficit de Atenção e Hiperatividade

É muito comum vermos crianças inquietas, bagunceiras, avoadas e impulsivas. É aquilo que os pais costumam chamar de "energia". Quem nunca ouviu alguém dizer sobre o filho: "Este menino parece que é ligado na tomada. A energia dele não acaba nunca!" Entretanto, essas características, somadas à distração, podem ser sinal de Transtorno do Déficit de Atenção e Hiperatividade (TDAH), ou simplesmente hiperatividade. O distúrbio sempre começa na infância e pode se estender até a fase adulta.

O distúrbio é caracterizado pela falta de atenção e de capacidade de se concentrar e planejar, que pode ou não estar associada a uma agitação excessiva ou à impulsividade para agir. Às vezes, tudo se combina. Tem como principais características:

1. Sensação de baixo rendimento, de não atingir as próprias metas (independentemente do quanto a pessoa de fato realize).
2. Dificuldade em organizar-se.
3. Adiamento crônico do início de tarefas e muitos projetos tocados ao mesmo tempo; dificuldade em levá-los adiante.
4. Busca freqüente por forte estimulação.
5. Facilidade para distrair-se, problema de concentração, tendência a se desligar no meio de um diálogo ou da leitura.
6. Freqüentemente, criativo, intuitivo e muito inteligente.
7. Dificuldade em seguir caminhos pré-estabelecidos, em proceder de forma "apropriada".
8. Impaciência, baixa tolerância à frustração e humor oscilante.
9. Tendência a uma preocupação desnecessária e sem fim.
10. Sensação de insegurança e problemas crônicos de auto-estima.
11. Tendência a comportamento aditivo, viciado, compulsivo.
12. Histórico familiar de hiperatividade, transtorno maníaco-depressivo, depressão, uso abusivo de substâncias, ou outros distúrbios de controle dos impulsos ou do humor.

Transtorno Obsessivo Compulsivo (TOC)

O Transtorno Obsessivo Compulsivo (TOC) é caracterizado por pensamentos negativos repetitivos que, em geral, não fazem sentido algum, mas provocam grande desconforto. As compulsões são rituais que o indivíduo faz para evitar que tais pensamentos ocorram. Os mais comuns são:

* de checagem: verificar ou examinar repetidamente situações, como, por exemplo, se a torneira está fechada, o ferro de passar foi desligado, a porta trancada, etc.
* de limpeza: lavar repetidamente as mãos, roupas, objetos de uso pessoal, tomar vários banhos ao dia, etc.
* de ordem: colocar objetos de forma invariavelmente igual, seguindo um determinado padrão, como arrumar compulsivamente as camisas ou meias sempre numa mesma ordem.
* de coleção: juntar coisas sem uma finalidade, como jornais velhos, tampas de cerveja, etc.
* de destino: ter que levantar sempre com o pé direito, entrar num elevador de determinada maneira, etc.

É claro que, às vezes, qualquer pessoa depois de sair de casa pode voltar para ver se realmente trancou o portão. O limite entre a normalidade e a doença são três parâmetros: quanto tempo os sintomas ocupam na vida da pessoa, quantas horas por dia ela se preocupa com os rituais e com os pensamentos obsessivos e interferência no desempenho cotidiano.

O TOC para ser tratado deve incomodar, dificultar a vida da pessoa. Em geral o tratamento é realizado com remédios que tentam corrigir a serotonina, mediador químico que se encontra alterado. E concomitantemente se aplica terapia, sendo a do tipo comportamental-cognitiva a que apresenta melhores resultados.

Transtornos Alimentares

Os transtornos alimentares são enfermidades psiquiátricas caracterizadas por alterações graves do comportamento alimentar. Podem ser divididos em três: bulimina nervosa, anorexia nervosa e compulsão alimentar.

A bulimia nervosa é a ingestão compulsiva e rápida de grande quantidade de alimento, com pouco ou nenhum prazer. Ela é alternada com comportamento dirigido para evitar o ganho de peso, como vomitar (95% dos pacientes), abusar de laxantes e diuréticos, excesso de exercícios físicos ou períodos de restrição alimentar severa, sempre com medo exagerado de engordar.

A anorexia nervosa é um transtorno caracterizado por limitação da ingestão de alimentos, em virtude da obsessão de magreza e do medo mórbido de ganhar peso. Acomete, sobretudo, mulheres entre 14 e 18 anos. De forma gradativa as pacientes passam a viver exclusivamente em função da dieta, comida, peso e forma corporal. Mesmo que esteja abaixo do peso, a pessoa ainda se acha gorda. A anorexia, no geral, vem acompanhada de sentimento de culpa ou depreciação por ter comido, hiperatividade e exercício físico excessivo, interrupção da menstruação, excessiva sensibilidade ao frio e mudanças no caráter (irritabilidade, tristeza, insônia, etc.)

Na compulsão alimentar, a pessoa costuma comer, num período pequeno de tempo, uma quantidade de comida muito grande. No geral, ingere grandes quantidades de alimento mesmo quando não sente fome; outras vezes, procura comer sozinha por sentir-se envergonhada ou culpada por comer desse modo. Em alguns casos, o paciente sente-se muito mal, com muita culpa ou depressão após se alimentar.

Conclusão

Alguém disse que a vida desenrola-se numa arena de lutas, num campo de batalhas, num vale de lágrimas; não em uma colônia de férias ou num *spa* espiritual. Ao longo dos séculos, a ciência médica experimentou avanços extraordinários no tratamento de doenças que causaram muita aflição para a humanidade. A lepra, a tuberculose, a peste bubônica, a varíola e tantas outras são exemplos dessas moléstias. Em que pese esses avanços, não houve nenhum progresso significativo com relação aos males do coração.

Não me refiro a enfermidades cardíacas como a hipertensão arterial, colesterol alto ou até mesmo o estresse. Mas sim, à solidão, culpa, depressão, ira, ansiedade, medo, ira, decepção, angústia, complexo de inferioridade, rejeição, insegurança, insatisfação, traumas, males que afligem o coração das pessoas. Desde a antiguidade até os tempos pós-modernos, as carências interiores e seus conflitos continuam os mesmos. O sofrimento é universal, e é experimentado por ricos e pobres, sábios e incultos, crianças e adultos, crentes e incrédulos.

O sofrimento tem muitas causas. Ele é conseqüência do pecado dos nossos pais, pode ser resultado direto de pecado pessoal ou pecados de outras pessoas que nos atingem, como no caso de Acã. O sofrimento pode ser resultado de injustiças sociais, de catástrofes naturais ou enfermidades físicas. Alguns estudiosos classificam o sofrimento em quatro tipos distintos: físico, emocional, moral e espiritual.

O sofrimento é uma realidade inegável, inexorável. Ignorá-lo ou buscar formas alienantes para evitá-lo não o afugenta de nós. Buscar fontes hedonistas para contorná-lo também não o afasta permanentemente. A questão é como enfrentar o sofrimento, como transformá-lo num instrumento de aprendizado e crescimento.

A despeito de o sofrimento fazer parte da vida humana, o bem-estar da alma é um ideal de Deus para todos os seus filhos. O Senhor almeja que vivamos bem e que tenhamos uma vida equilibrada, abundante e de plena felicidade, como está escrito em 3 João 2:

> "Amado, desejo que te vá bem em todas as coisas e que tenhas saúde, assim como bem vai a tua alma" (ARC).

> "Amado, acima de tudo, faço votos por tua prosperidade e saúde, assim como é próspera a tua alma" (ARA).

> "Amado, oro para que você tenha boa saúde e tudo lhe corra bem, assim como vai bem a sua alma" (NVI).

> "Meu querido amigo, tenho pedido a Deus que você vá bem em tudo e que esteja bem de saúde, assim como está bem espiritualmente" (NTLH).

> "Querido amigo, estou orando para que tudo esteja correndo bem aí e que o seu corpo esteja tão sadio como eu sei que a sua alma está" (A Bíblia Viva).

> "Caríssimo, desejo que em tudo prosperes e que a tua saúde corporal seja tão boa como a da tua alma" (*A Bíblia de Jerusalém*).

É da vontade de Deus, nosso criador, que o crente fiel tenha saúde e uma vida abençoada. Ele deseja que tudo vá bem conosco, como o nosso trabalho, nossos planos, nossos propósitos, nossa vida espiritual, nossa vida profissional, nossos estudos, nossa família, nosso ministério, enfim, em todas as áreas da nossa vida.

A expressão contida no texto bíblico acima: "que te vá bem em todas as coisas", do grego *euodoo*, literalmente significa "fazer uma boa viagem". A idéia do apóstolo João, autor dessa epístola, é no sentido de que os crentes andem no caminho da salvação, que permaneçam na vontade e na verdade de Deus e desfrutem da sua bênção.

A cura das doenças do século é uma herança que Jesus conquistou para nós na cruz do Calvário. Todavia, para que essa cura se manifeste em nossas vidas e sejamos transformados, curados, libertos e abençoados, a nossa determinação, a nossa força de vontade é imprescindível. "Buscar-me-eis e me achareis quando me buscardes de todo o vosso coração" (Jr 29.13).

Não há casos perdidos para Deus. Para Deus nada é impossível (Lc 1.37), pois Ele tudo pode (Jó 42.2). As causas que são impossíveis aos homens são possíveis a Deus (Mt 19.26; Mc 10.27; Lc 18.27). Jesus disse aos seus discípulos: "Se tiverdes fé, nada vos será impossível" (Mt 17.20). Esse mesmo Senhor está dizendo a você que está sofrendo com alguma doença na alma: "Tudo é possível ao que crê" (Mc 9.23).

Não importa o mal que o esteja afligindo, pois o Senhor tem a solução para qualquer problema, mágoa, desapontamento, tristeza. Suas benfazejas mãos estão estendidas em sua direção para desatar os laços que têm impedido que você tenha um viver feliz e vitorioso. Jesus deseja restaurar as suas feridas emocionais. Queres ser curado?

Entrega o teu caminho ao Senhor; confia nele, e ele tudo fará (Sl 37.5).

REFERÊNCIAS BIBLIOGRÁFICAS

AGUIAR, Marcelo. **Cura pela Palavra**. Belo Horizonte: Betânia, 1998.

ARRINGTON, French L., STRONSTAD, Roger. **Comentário Bíblico Pentecostal. Novo Testamento**. Rio de Janeiro: CPAD, 2003.

BARTH, Karl. **Carta aos Romanos**. São Paulo: Novo Século, 2000.

BASTOS, Walter. **111 Sermões para todas as Ocasiões**. São Paulo: Naós, 2006.

BELO, Edson B. **Inversão de Valores**. Curitiba: Ajir.

BRUCE, F. F. **Romanos. Introdução e Comentário**. São Paulo: Vida Nova, 2005.

CAMARGO, Sátilas do Amaral. **Anuário do Pregador**. 1964.

CARLSON, Raymond et al. **Pastor Pentecostal. Teologia e Práticas Pastorais**. 5.ed. Rio de Janeiro: CPAD, 2006.

CHAPLIN, R. N., BENTES, J. M. **Enciclopédia de Bíblia, Teologia e Filosofia**. São Paulo: Candeia, 1997.

COSTA, Samuel. **Psicoteologia Geral**. 2.ed. Rio de Janeiro: Edição Independente, 2005.

_______________. **Psicologia e Cristianismo**. Rio de Janeiro: Silvacosta, 2006.

_______________. **Psicologia Pastoral**. Rio de Janeiro: Silvacosta, 2005.

DAKE, Finis Jennings. **Dake Annotated Reference Bible**. Lawrenceville, Geórgia, EUA: Dake, 1989.

DAVIDSON, F. **O Novo Comentário da Bíblia**. São Paulo: Vida Nova, 1976.

DOCKERY, David S. **Manual Bíblico**. São Paulo: Vida Nova, 2001.

EMERICH, Alcione. **Físico, Psicológico ou Espiritual. Qual a origem do seu Problema?** Rio de Janeiro: Danprewan, 2004.

"Estresse". *Saúde! É Vital*. São Paulo, especial nº 11, abril de 2000.

HINSON, William H. **Como Viver Certo num Mundo Torto**. Rio de Janeiro: Record, 1985.

HODGE, Kimball. **A Mente Renovada por Deus**. 2.ed. Rio de Janeiro: CPAD, 2002.

HUNT, Dave, McMAHON, T. A. **A Sedução do Cristianismo**. Porto Alegre: Chamada da Meia Noite, 1994.

______________. **Escapando da Sedução**. Porto Alegre: Chamada da Meia Noite, 1995.

JONES, Peter. **A Ameaça Pagã. Velhas Heresias para uma Nova Era**. São Paulo: Cultura Cristã, 2002.

LOPES, Hernandes Dias. **Morte na Panela. Uma Ameaça Real à Igreja**. São Paulo: Hagnos, 2007.

LOTUFO, Thiago. "A Dor da Alma". **Isto É**, nº 1571, 10 de novembro de 1999.

LUTZER, Erwin W. **Deixando seu Passado para Trás**. Rio de Janeiro: CPAD, 2005.

______________. **Por que Pessoas Boas Fazem Coisas Más**. Belo Horizonte: Betânia, 2004.

MULLEN, Grant. **O que os Cristãos Devem Saber sobre Depressão, Ansiedade, Variações de Humor e Hiperatividade**. Rio de Janeiro: Danprewan, 2004.

NELSON, Wilton M., MAYO, Juan Rojas. **Nuevo Dicionario Ilustrado de la Biblia**. San Jose, Costa Rica: Caribe, 1998.

PAYNE, Leane. **Imagens Partidas**. São Paulo: Sepal, 2001.

PERRY, Lloyd M., SELL, Charles. **Pregando sobre os Problemas da Vida.** Rio de Janeiro: JUERP, 1989.

PFEIFFER, Charles F. et al. **Dicionário Bíblico Wycliffe**. Rio de Janeiro: CPAD, 2006.

RICHARDS, Lawrence O. **Comentário Bíblico Del Maestro**. Miami, Fl, EUA: Patmos, 2006.

SALE Jr., Frederick. **Você & Deus no Trabalho. A Ética Profissional do Cristão**. 2.ed. Rio de Janeiro: CPAD, 2001

STANLEY, Charles. **Paz**. Rio de Janeiro: CPAD, 2004.

SWINDOLL, Charles R. **O Despertar da Graça**. São Paulo: Bompastor,1994.

______________. **Firme seus Valores**. Belo Horizonte: Betânia,1985.

______________. **Crescendo nas Estações da Vida**. Belo Horizonte: Atos, 2003.

TAYLOR, Richard S. ET al. **Comentário Bíblico Beacon**. Rio de Janeiro: CPAD, 2006.

The Quest Study Bible. New International Version. Grand Rapids, Michigan, EUA: Zondervan, 1994.

WHITE, John. **O Eros Redimido**. Niterói: Textus, 2004.

http://www.imesexplica.com.br/2204doencas_abre.asp